# CHOIX DE CANTIQUES

A L'USAGE DES

## RÉUNIONS RELIGIEUSES

ET DES

## ÉCOLES DU DIMANCHE

---

> Soyez remplis de l'Esprit vous entretenant par des psaumes, par des hymnes et par des cantiques spirituels, chantant et psalmodiant de votre cœur au Seigneur.
>
> *Éphésiens* V, 19.

SAINT-QUENTIN

E CH. POETTE, RUE CROIX-BELLE-PORTE, 19

---

1876

# CHOIX

DE

# CANTIQUES

A L'USAGE DES

## RÉUNIONS RELIGIEUSES

ET DES

## ÉCOLES DU DIMANCHE

> Soyez remplis de l'Esprit vous entretenant par des psaumes, par des hymnes et par des cantiques spirituels, chantant et psalmodiant de votre cœur au Seigneur.
>
> *Éphésiens* V, 19.

SAINT-QUENTIN

IMPRIMERIE CH. POETTE, RUE CROIX-BELLE-PORTE, 19

1876

# AVIS

—

Ces Cantiques sont tous tirés des recueils en usage dans les églises protestantes de France, qu'on devra se procurer pour en trouver les mélodies. Quoique la plupart se trouvent dans plusieurs recueils nous n'en indiquerons que 4 principaux avec les abréviations suivantes :

H. Hymnes du croyant.
C. Cantiques imités de l'anglais.
Ec. Cantiques des écoles du dimanche.
Ps. et C. Psaumes et Cantiques à l'usage des Églises réformées.

# CHOIX DE CANTIQUES

## N° 1. (H. 1.)

1. C'est encor temps ! A la gloire éternelle, Vers ses parvis l'Agneau de Dieu t'appelle. C'est Jésus, réponds lui. Oh! viens, entre aujourd'hui!

2. Vois, le soleil à l'horizon s'abaisse ; Le jour, qui fuit, seul dans la nuit te laisse ; Viens à Christ, réponds-lui. Oh viens ! entre aujourd'hui !

3. Pour le festin la salle est déjà prête, Les conviés se rendent à la fête ; Viens aussi, réponds-lui. Oh viens ! entre aujourd'hui !

4. Il se remplit le palais de la grâce, Hâte-toi donc, il y reste encor place ; Viens à Christ, réponds-lui. Oh viens ! entre aujourd'hui !

5. C'est encor temps, car la porte est ouverte, Par le Sauveur l'entrée en est offerte ; Viens aussi, réponds lui. Oh viens ! entre aujourd'hui!

6. Entre sans peur, c'est Jésus qui t'invite, De son amour la coupe est gratuite ; Viens à lui, réponds-lui. Oh viens ! entre aujourd'hui !

7. Vois, des élus la joie est douce et calme, Te conviant à conquérir la palme ; Viens à Christ, réponds-lui. Oh viens ! entre aujourd'hui !

8. Toujours plus haut sonne l'appel suprême, Ne tarde plus, viens au Seigneur qui t'aime; C'est Jésus, réponds-lui. Oh viens ! entre aujourd'hui !

9. Avant la nuit, devant la porte close Peut retentir ce cri, terrible chose ! A jamais loin de Lui, c'est trop tard aujourd'hui !

## N° 2. (H. 2.)

1. C'est mon joyeux service D'offrir à Jésus-Christ En vivant sacrifice Mon corps et mon esprit.

Accepte mon offrande, Bien-aimé Fils de Dieu, Et que sur moi descende La flamme du saint lieu !

2. J'abandonne ma vie, Sans regret, ni frayeur, A ta grâce infinie, O mon libérateur.
Accepte, etc.

3. Qu'un feu nouveau s'allume Par ton amour en moi, Et dans mon cœur consume Ce qui n'est pas à toi ! — Accepte, etc.

4. Viens, Jésus, sois mon maître ; Par ton

sang racheté, A toi seul je veux être Et pour l'éternité. — Accepte, etc.

---

## N° 3. (H. 3.)

1. Mon corps, mon cœur, mon âme, Ne m'appartiennent plus ; Ton amour les réclame, Ils sont à toi Jésus.

Reçois mon sacrifice, Il est sur ton autel..., Esprit, Esprit descends ! j'attends le feu du ciel !

2. En toi je me confie Je crois en ton grand nom. Au sang qui purifie, Au céleste pardon !
Reçois, etc.

3. Consacre mon offrande, Mets ton sceau sur mon cœur ; Le sceau que je demande C'est ton Esprit, Seigneur !
Reçois, etc.

---

## N° 4. (H. 4, C. 42.)

1. Sur toi je me repose, O Jésus mon Sauveur ! Que faut-il autre chose Pour un pauvre pécheur ? Conduit par ta lumière, Gardé par ton amour, Vers la maison du Père, Marchant de jour en our.

Sur toi je repose, O Jésus mon Sauveur ? Que faut-il autre chose Pour un pauvre pécheur.

2. Ah! ma misère est grande! Mais tu m'as pardonné; Sainte et vivante offrande Pour moi tu t'es donné ; Et de toute souillure Par le sang de ta croix Mon âme devient pure Tu l'as dit, je le crois! — Sur toi je repose, etc.

3. Moi-même en sacrifice Immolé désormais, Seigneur à ton service Me voici pour jamais! Qu'importe ma faiblesse, Puisque je t'appartiens; Tu n'as point de richesse Qui ne soient pour les tiens. — Sur toi je me repose, etc.

4. Au plus fort de l'orage Tu te tiens près de moi, Ranimant mon courage Et soutenant ma foi ; C'est dans ton cœur qui m'aime Que tu sais me cacher; En vain Satan lui-même Voudrait m'en arracher.... — Sur toi je me repose, etc.

5. En toi j'ai la victoire, La paix, la liberté, A toi je rendrai gloire Durant l'éternité! Si du bonheur qui passe La source doit tarir, C'est assez de ta grâce Pour vivre et pour mourir....
Sur toi je me repose, etc.

---

### No 5. (H. 5, C. 43.)

1. Passant, si tard, que veux-tu? Qui donc ici cherches-tu? Pourquoi, voyageur étrange, A ma porte es tu venu? N'es-tu pas quelque saint ange Sur la terre descendu?

2. C'est moi, c'est moi, ton Sauveur ; Je veux entrer dans ton cœur. Pourquoi me laisser attendre ? Ouvre : c'est un bienfaiteur Qui chez toi s'offre à répandre Tous les trésors du bonheur!

3. Vraiment! vraiment! c'est sa voix! C'est Lui! c'est Lui! je le vois. Oh! ta grâce est la plus forte, Mon Sauveur, je te reçois! Je ne puis fermer la porte Quand tu me montres ta croix!

## N° 6. (H. 8, C. 45.)

1. Le signal de la victoire déjà brille aux cieux, La couronne de la gloire paraît à nos yeux.

Je viens, combattez encore dit Jésus à tous. Oui mon Sauveur, je t'implore, Je lutte à genoux.

2. L'ennemi plein de colère Redouble ses coups; Déjà plus d'un vaillant frère Tombe autour de nous! — Je viens, etc.

3. Suivons, amis, la bannière Du Sauveur en croix, Et que notre armée entière Se range à sa voix. — Je viens, etc.

4. Rude et longue est la mêlée : Voici le secours! Dans nos mains prenons l'épée Qui vainquit toujours! — Je viens, etc.

## N° 7. (H. 10, C. 44.)

1. Reviens! Reviens! Tu dissipas tes biens sur la terre étrangère Loin des yeux de ton père.

O pauvre enfant perdu, Reviens, ô reviens. Viens Viens Viens ô reviens.

2. Reviens ! Reviens ! Loin de tous les faux biens. Vois briller la lumière Dans ta sombre misère. — O pauvre enfant perdu, etc.

3. Reviens ! reviens ! Du péché fuis les biens ; Que ton âme souffrante Soit aussi repentante. O pauvre enfant perdu, etc.

4. Reviens ! reviens ! Car pour toi sont des biens Qu'aucun bien ne dépasse, Le salut et la grâce ! — O pauvre enfant perdu, etc.

### N⁰ 8. (H. 12.)

1. Voici Jésus, notre Sauveur, Qui nous ouvre une porte. Suis-moi, dit-il à tout pécheur, De sa voix tendre et forte.

Merci, Jésus, j'espère en toi, Ta porte est ouverte pour moi pour moi pour moi est ouverte pour moi !

2. La porte est ouverte à tous ceux Qui cherchent paix et joie, Elle introduit les malheureux Sur la céleste voie. — Merci, Jésus, etc.

3. La sainte croix du Rédempteur Vient éclairer la route : Sous cette croix, plus de terreur, D'angoisse, ni de doute. — Merci, Jésus, etc.

4. Répondons au divin appel Avec reconnais-

sance, Et vers le séjour éternel Marchons en assurance. — Merci, Jésus, etc.

### No 9. (H. 13.)

1. O vous qui n'avez pas la paix Venez, Jésus la donne Pure, profonde et pour jamais, Venez, Jésus pardonne.

Quand toi seul remplis un cœur, Il déborde de bonheur, Et l'effroi ne l'atteint plus, Jésus, Jésus, Jésus!

2. Vous qui tombez à chaque pas, Venez : Jésus délivre ; Celui qui se jette en ses bras Peut à toujours le suivre.

Quand Jésus remplit un cœur, Il déborde de bonheur. Car il ne chancèlle plus, Jésus, Jésus, Jésus!

3. Vous qui doutez du lendemain, Venez, Jésus rassure ; Pas à pas, la main dans sa main, La route devient sûre.

Quand toi seul remplis un cœur, Il déborde de bonheur, La crainte ne l'atteint plus, Jésus, Jésus, Jésus !

4. Vous tous qui souffrez isolés, Venez, Jésus vous aime. Pour le troupeau des désolés Il s'est offert lui-même.

Quand tu viens remplir un cœur, Il déborde de bonheur, Seul, oh non! il ne l'est plus, Jésus, Jésus, Jésus !

5. Vous qui tremblez sous la terreur, Que la mort vous inspire, Venez, notre libérateur A détruit son empire.

Avec toi nous revivrons, Avec toi nous régnerons Et la mort ne sera plus. Jésus, Jésus, Jésus!

## N° 10 (H. 15.)

1. Où va cette foule empressée Qui d'ouïr n'est jamais lassée? Quel est cet homme, dites-moi, Qui cause aujourd'hui tant d'émoi? *Entendez, entendez, ce cri: Jésus de Nazareth est ici! (bis).*

2. Est-ce un Dieu visitant la terre Qui fait mouvoir la ville entière? Quel est cet étranger puissant, A l'aspect compatissant? *La foule répond par ce cri: Jésus de Nazareth est ici! (bis)*

3. Il guérit de sa maladie, Tout pauvre pécheur qui Le prie; Son bonheur est de soulager Nos maux dont il vient se charger. *De l'aveugle entendez ce cri: Jésus de Nazareth m'a guéri! (bis)*

4. Recevez la santé de l'âme, C'est votre salut qu'Il réclame; Vous, par le monde méprisés, Venez, ô pauvres cœurs brisés! *Écoutez, écoutez ce cri: Jésus de Nazareth est ici! (bis)*

5. Mais si vous refusez d'entendre L'appel de sa voix douce et tendre, Bientôt, bientôt Il s'en ira, Et vos pleurs nul ne séchera. *Trop tard!*

*trop tard! sera le cri : Jésus de Nazareth est parti ! (bis)*

## N° 11. (H. 18.)

1. Plus que vainqueurs ! telle est notre devise ; Plus que vainqueurs bien que persécutés ! *Car la victoire à la foi fut acquise, Par le Sauveur qui nous a rachetés ! (bis)*

2. Suivons le Christ, jusque sur le Calvaire ; Ayons toujours sa mort devant les yeux. *Si nous souffrons avec Lui sur la terre, Nous régnerons avec Lui dans les cieux. (bis)*

3. Osons braver les injures du monde, Pour confesser le beau nom de Jésus. *Que sur Lui seul tout notre espoir se fonde, Et notre espoir ne sera pas confus. (bis)*

4. Amis ! croyons au pouvoir invisible Que le Sauveur a caché dans sa croix : *Saisissons-la comme une arme invincible, Pour triompher au nom du Roi des rois. (bis)*

## N° 12. (H. 19. C. 4.)

1. Source féconde, Salut du monde, Le sang de Christ est répandu, Ce divin Frère, Sur le Calvaire, Est mort pour l'homme perdu.

Oui, je puis croire, Oui, je veux croire Que

Jésus-Christ est mort pour moi ! Sa mort sanglante Et triomphante Me rend libre par la foi.

2. En Jésus, joie ! Il est la voie Qui nous mène toujours au but ! Jésus pardonne, Il n'est personne Qu'il repousse du salut.

Oui, je puis croire, etc.

3. Ame flétrie ! Jésus convie Les méchants les plus dissolus ; Sa grâce immense Donne assurance Au cœur qui croit en Jésus.

Oui, je puis croire, etc.

4. Jour mémorable Pour le coupable ! Sur la croix au vil malfaiteur Jésus pardonne ! Jésus lui donne Le ciel, l'éternel bonheur !

Oui, je puis croire, etc.

5. Du Christ la fête Est toujours prête, Le festin de noce est pour tous ! Entrez sans crainte, De la voix sainte Ecoutez l'appel si doux !

Oui, je puis croire, etc.

---

## N° 13 (H. 20 et 75)

1. J'ai trouvé, j'ai trouvé la voie Qui conduit au repos du cœur. J'ai trouvé la paix et la joie *En Jésus le libérateur.* (bis) O ! mes compagnons de misère Ensemble invoquons son secours. Il n'attend que notre prière. *Le Sauveur qui sauve toujours* (bis).

2. Par son sang sa miséricorde Efface nos

iniquités ; Par son esprit qu'il nous accorde, *Il guérit nos infirmités, (bis)* Et plus le mal est incurable Et plus les fardeaux semblent lourds, Plus il se montre secourable. *Le Sauveur qui sauve toujours (bis)*.

3. Hélas ! ma trop longue ignorance Ne connaissait auparavant, Dans la lutte ou dans la souffrance, *Qu'un Sauveur qui sauve souvent;(bis)* Mais de ma pauvre et triste vie, J'ai vu se transformer le cours, Depuis que mon cœur se confie *Au Sauveur qui sauve toujours (bis)*.

4. Il est ma force et ma victoire, L'ami qui me guide en tout lieu, Il est ma lumière et ma gloire, *Il est mon frère, il est mon Dieu; (bis)* Sois que je vive ou que je meure Il est mon unique recours.... Tu me sauveras d'heure en heure, *O Sauveur qui sauve toujours (bis)*.

## N° 14. (H. 28.)

1. Venez au Sauveur qui vous aime, Venez, Il a brisé vos fers ; Il veut vous recevoir lui-même, Ses bras vous sont ouverts.

Oh quel beau jour Sauveur fidèle ! Quand nous appuyant sur ton bras, Dans la demeure paternelle Nous porterons nos pas.

2. Venez, pécheurs, Il vous appelle, Le bon-

heur est dans son amour. Ah ! donnez Lui ce cœur rebelle. Donnez-le sans retour.

Oh quel beau jour, etc.

3. Le temps s'en va, l'heure s'écoule. Qui sait si nous vivrons demain ? Jésus est ici dans la foule ; Ah ! saisissez sa main !

Oh quel beau jour, etc.

---

### N° 15. (H. 29.)

1. Je donne en assurance Tout mon cœur au Sauveur. Car pour ma délivrance Tu mourus, O Jésus ! Au côteau du Calvaire Je te vois expier ma misère sur la Croix *Tu m'aimas comme un frère Roi des rois ! Roi des rois ! (bis)*

2. Recois, Sauveur fidèle, Mon amour Sans retour. Je te suis plein de zèle, Tout joyeux Vers les cieux. Au jour de la détresse C'est à toi Que mon âme s'adresse Avec foi. *Oh ! sois ma forteresse, Puissant Roi ! Puissant Roi ! (bis)*

---

### N° 16. (H. 32.)

1. Redites-moi l'histoire De l'amour de Jésus ; Parlez-moi de la gloire qu'il promet aux élus. J'ai besoin qu'on m'instruise, car je suis ignorant; Qu'à Christ on me conduise comme un petit enfant.

Redites-moi l'histoire *(ter)*, De l'amour de Jésus.

2. Redites-moi l'histoire De la crèche à la croix ; Eveillez ma mémoire, Oublieuse parfois. Cette histoire si belle, Dites-la simplement ; Elle est toujours nouvelle, Répétez-la souvent.

Redites-moi, etc.

3. Redites-moi l'histoire de mon divin Sauveur; C'est Lui dont la victoire Affranchit le pécheur, Ce glorieux message, Oh, redites-le moi, Lorsque je perds courage, Lorsque faiblit ma foi.

Redites-moi, etc.

4 Redites-moi l'histoire Quand le monde trompeur M'offre sa vaine gloire Au prix de mon bonheur. Et, quand, loin de la terre, Je prendrai mon essor, En fermant la paupière, Que je l'entende encor ! — Redites-moi, etc.

## N° 17. (H. 36. C. 7.)

1. Béni soit le jour où j'ai fait Choix de Jésus pour maître Je veux célébrer le bienfait Qui vient de m'apparaître. *Heureux jour,* (bis) Où j'ai connu tout son amour ; Sauvé par son divin secours A lui je me donne en retour. *Heureux jour,* (bis) Où j'ai connu tout son amour.

2. O divine compassion ! Le Bien-Aimé du Père Lui-même a payé ma rançon. Sur la croix du Calvaire. *De la mort* (bis) *Jésus-Christ a vaincu l'effort ;* Mon âme accepte avec transport

Le salut qu'offre le Dieu fort. *De la mort, (bis)* Jésus-Christ a vaincu l'effort.

3. Son amour m'est venu chercher Quand je fuyais sa face ; Il s'est chargé de mon péché. Par lui j'ai trouvé grâce. *Tout joyeux, (bis)* Je veux le redire en tous lieux : Mes chants Monteront jusqu'aux cieux, S'unir aux chants des bienheureux. *Tout joyeux, (bis)* Je veux le redire en tous lieux.

4. Maintenant à ton Rédempteur Consacré sans partage, Repose près de lui, mon cœur, à l'abri des orages. *Sans regret, (bis)* Loin du monde et de ses attraits Goûtant la véritable paix Que l'enfant de Dieu seul connaît. *Sans regret (bis)* Loin de ce qu'autrefois j'aimais.

## N° 18. (H. 37.)

1. Sans attendre, Je veux tendre Au bonheur promis ; Qui s'élance, Qui s'avance, Obtiendra le prix. Quand je prie, Dieu m'entend. On m'attaque, Il me défend. Donc en route, Point de doute, Le but est si grand !

2. Près du trône La couronne Attend le vainqueur. Nulle trêve ! Qu'on se lève ! A dit le Seigneur. D'obéir, soyons heureux ; Point de tièdes, de peureux ; Qui se lasse, Perd sa place Au banquet des cieux.

3. D'un pas ferme Jusqu'au terme Il faut s'avancer. Dieu m'observe, Qu'il préserve Mon pied de glisser. Que ce monde et ses attraits Ne me séduisent jamais! Si sa haine se déchaîne Que je sois en paix!

4. Dieu de grâce, que ta face Luise en mon chemin. Père tendre, Viens me prendre Par ta forte main Toute puissance est à toi, Subviens à ma faible foi; Ma victoire, C'est ta gloire, O mon Dieu, mon Roi.

## N° 19. (H. 38, C. 26

1. Ami, pourquoi tant de bonheur, *de bonheur*, *(bis)* Pourquoi tant de joie en ton cœur, *en ton cœur (bis)* Je suis joyeux. Mon Rédempteur venu des cieux, De l'enfer est victorieux ; *Quel' bonheur ! (bis)*

2. Tous les péchés sont pardonnés ! *Quel bonheur ! (bis)* Tous les crimes sont effacés, *Quel bonheur ! (bis)* En Christ je cesse d'avoir peur, Du faible il est libérateur ! Par lui le plus humble est vainqueur. *Quel bonheur ! (bis)*

3. Bien des pécheurs ont leur salut, *Quel bonheur ! (bis)* Qui loin de Christ erraient sans but. *Quel bonheur ! (bis)* Heureux aujourd'hui comme moi, Brûlant d'amour et pleins de foi, Ils célèbrent leur Dieu, leur Roi, *Quel bonheur ! (bis)*.

4. Jésus veut être ton Sauveur, *Quel bonheur !* *(bis)* A ses appels ouvre ton cœur. *Quel bonheur !* *(bis)* Il n'attend que ton repentir, A Lui, pécheur, tu peux venir. Viens, pour toi ses bras vont s'ouvrir ! *Quel bonheur ! (bis)*

5. Oh ! qu'aimer et prier est doux : *Quel bonheur ! (bis)* Crois, adore et prie avec nous ; *Quel bonheur ! (bis)* Avec nous poursuis ton chemin, Nous avons un guide divin qui te conduira par la main. *Quel bonheur ! (bis)*

---

## N° 20. (H. 42, C. 9.)

1. *J'ai un bon père qui m'attend aux cieux.* *(bis)* Il me dit : viens ! je vais à Lui, J'y veux aller dès aujourd'hui. *Oui je vais, oui je vais m'en aller aux cieux. (bis)* Il me dit : viens ! je vais à Lui ; J'y veux aller dès aujourd'hui.

2. *Un bon Sauveur aussi m'attend aux cieux.* *(bis)* Il me dit : viens ! je vais à Lui ; J'y veux aller dès aujourd'hui. *Oui je vais, oui je vais m'en aller aux cieux. (bis)* Jésus dit : viens ! je vais à Lui ; J'y veux aller dès aujourd'hui.

3. *Une couronne m'est promise aux cieux.* *(bis)* Jésus dit : viens ! je vais à Lui ; La recevoir dès aujourd'hui. *Oui je vais, oui je vais m'en aller aux cieux. (bis)* Jésus dit : je vais à Lui ; La recevoir dès aujourd'hui.

4. *Nous nous retrouverons un jour aux cieux.*
*(bis)* Aux pieds de Jésus, tous joyeux, Nous nous retrouverons aux cieux. *Oui je vais, oui je vais m'en aller aux cieux. (bis)* Aux pieds de Jésus tous joyeux Nous nous retrouverons aux cieux.

### N° 21. (H. 43, C. 12.)

1. Je suis scellé pour la gloire, J'avance vers mon pays. Écoutez tous mon histoire Et l'amour de Jésus-Christ.

Jésus, mon ami suprême, Sur moi veille, Il l'a promis, J'aime Jésus, Jésus m'aime Comme un berger sa brebis.

2. J'étais mort dans ma misère, Sans Dieu, sans espoir, sans foi ; Un jour j'appris, ô mystère, Que Jésus est mort pour moi.

Jésus, mon ami suprême, etc.

3. Son amour, que rien n'arrête Brisa mon cœur endurci ; Maintenant son cœur souhaite D'en guider d'autres vers lui.

Jésus, mon ami suprême, etc.

4. J'ai passé par mainte épreuve Depuis que je suis à lui, Mais en tout j'ai vu la preuve De son amour infini.— Jésus mon ami suprême, etc.

5. Maintenant, Sauveur fidèle, Remplis-moi de ton amour ; Qu'animé d'un nouveau zèle, Je te suive chaque jour.

Jésus mon ami suprême, etc.

## N° 22. (C. 18, H. 44.)

1. Dans la patrie éternelle. Le repos enfin m'attend ; Jésus l'a pour moi, rebelle, Conquis au prix de son sang.

Jésus, Jésus m'y convie, Il promet après la vie, Dans mon heureuse patrie, Le repos pour moi. Au péché je suis en butte; Là, plus de mal, plus de chute, Le repos après la lutte, Le repos pour moi.

2. Il prépare ma demeure Pour toute l'éternité ; Quand viendra ma dernière heure, Tout sera félicité. — Jésus, Jésus m'y convie, etc.

3. Jamais douleur ni tristesse Ne seront près du Sauveur ; Tout sera chant d'allégresse, Tout sainteté, tout bonheur.

Jésus, Jésus, m'y convie, etc.

4. Je verrai de Christ la gloire, Et la mort ne sera plus ; Triomphant par sa victoire, Je m'envole vers Jésus. — Jésus, Jésus m'y convie, etc.

5. Chantons, éclatons de joie, Heureux héritiers du ciel, Car au terme de la voie Est un repos éternel. — Jésus, Jésus m'y convie, etc.

---

## (N° 23. (H. 45, Ps. et C. 133.)

1. C'est toi, Jésus ! que recherche mon âme ; A te trouver se bornent mes souhaits ; C'est ton regard que sur moi je réclame ; Rends moi, Seigneur ! rends moi ta douce paix.

2. Jadis j'errais dans les sentiers du monde, Ne connaissant ni ton Nom, ni ta Loi ; Tu me cherchas en cette nuit profonde, Et, pour toujours, m'en tiras par la foi.

3. Ta voix d'amour à moi se fit entendre ; J'appris alors que tu m'as racheté ; Et ton Esprit à mon cœur fit comprendre Ce qu'est pour nous, ô Dieu ! ta charité.

4. Depuis ce jour, ta longue patience A supporté mes nombreuses tièdeurs ; Je t'ai quitté, mais toujours ta clémence A prévalu sur mes folles erreurs.

5. Pourquoi toujours, par ma lâche faiblesse, Trouvé-je en moi des langueurs, des ennuis ? Ah ! ton amour jamais ne me délaisse ; C'est moi, Jésus ! oui, c'est moi qui te fuis.

6. Prends donc pitié de ma grande misère ! Soumets mon cœur, brise sa dureté. A Golgotha mon âme te fut chère ; Je compte, ô Dieu ! sur ta fidélité.

---

## N° 24. (C. 28, H. 46.)

1. Pour moi, chrétien, la terre est un exil. *Mais tout est bien, (bis)* Il faut marcher de péril en péril, *Mais tout est bien, (bis)* Pourquoi les pleurs, la terreur ou l'ennui ? Christ est à moi, demain comme aujourd'hui ; Au ciel bientôt je serai tout à lui. *Oui, tout est bien, (bis*[1].

2. Du monde aussi j'ai connu les attraits. *Mais tout est bien, (bis)* Car en Jésus Dieu m'a donné la paix. *Oui tout est bien, (bis)* La voix de Christ en mon cœur retentit, Il me redit : Ma grâce te suffit. Je marcherai guidé par son esprit. *Oui, tout est bien, (bis).*

3. Larmes, travail, deuil, tristesse ici bas, *Mais tout est bien, (bis)* De Canaan j'approche à chaque pas. *Oui, tout est bien ! (bis)* En vain le monde et son charme trompeur Dans ses liens veut retenir mon cœur ; J'avance en paix, les yeux sur mon Sauveur. *Oui, tout est bien, (bis)*

4. Encore un jour, et j'atteindrai le but, *Oui, tout est bien ! (bis(* Et je verrai le pays du salut. *Oui, tout est bien ! (bis)* Encore un jour, le monde va passer. O pèlerin ! marche sans te lasser ! Bientôt en Dieu tu vas te reposer ! *Oui, tout est bien ! (bis).*

---

## N° 25. (H. 49.)

1. Bon Sauveur, berger fidèle, Conduis-nous par ton amour ; Et de ta main paternelle Nourris-nous au jour le jour.

Béni sois-tu, tendre Maître, Jésus, nous sommes à toi, A toi seul nous voulons être, Béni sois-tu, notre Roi.

2. Dans tes riches paturages Apprends-nous

à te chercher ; Que sous tes divins ombrages Nous sachions toujours marcher.

Béni sois-tu tendre maître, etc.

3. Toi qui nous reçus par grâce Bien que petits et pécheurs, Par ta puissance efficace Purifie encor nos cœurs.

Béni sois-tu, tendre Maître, etc.

4. Seigneur, nous voulons te plaire, T'obéir, garder ta loi : Oh ! pour cela daigne faire Que nous vivions par la foi.

Béni sois-tu, tendre Maître, etc.

5 Bon Sauveur, berger fidèle, Pour que nous suivions tes pas Remplis-nous d'un nouveau zèle Et porte-nous dans tes bras.

Béni sois-tu, tendre Maître, etc.

## N° 26. (H. 69, Ps. et C. 158.)

1. Ah ! que je ne sois pas comme un rameau stérile, Qui, détaché du tronc, doit périr desséché; Mais que je sois, ô Dieu ! comme un sarment fertile, Qu'aucun vent d'aquilon n'a du cep arraché.

2. Demeure en moi, Jésus ! et qu'en toi je demeure, Trouvant dans ton amour le plus fort des liens, Portant beaucoup de fruits, chaque jour, à chaque heure, Et renonçant à tout pour jouir des vrais biens.

3. Celui qui croit en toi, ta bouche le déclare, Accomplira, Seigneur ! les œuvres que tu fis : Je crois et d'où vient donc que mon âme s'égare Si loin du droit sentier que toujours tu suivis ?

4. Hélas ! c'est que souvent je tourne vers le monde Des yeux qui ne devraient s'arrêter que sur toi. Ne me retranche pas... Non, Seigneur ! mais émonde, Pour que j'apprenne mieux à pratiquer ta loi.

5. Toutefois, que jamais mon cœur ne se confie En mes pas chancelants pour arriver au but ; Tu donnas pour les tiens, divin Jésus ! ta vie, Et c'est mon seul espoir de paix et de salut.

## N° 27. (C. 10, H. 72.)

1. Tel que je suis, pécheur rebelle, Au nom du sang versé pour moi, Au nom de ta voix qui m'appelle, Jésus, je viens à toi.

2. Tel que suis, dans ma souillure, Ne cherchant nul remède en moi ; Ton sang lave mon âme impure, Jésus ! je viens à toi.

3. Tel que je suis, je me réclame De ta promesse, par la foi, Au ciel tu recevras mon âme ; Jésus ! je viens à toi !

4. Tel que je suis, avec mes luttes, Mes craintes, ma timide foi, Avec mes doutes et mes chutes, Jésus ! je viens à toi !

5. Tel que je suis, Dieu me convie, Oh! mon Sauveur, accepte-moi ; A toi dans la mort dans la vie, Jésus! je suis à toi!

## N° 28. (H. 73.)

1. Suivez, suivez l'Agneau jusqu'au soir de la vie ; Suivez, suivez-le tous, enfants, dès le berceau. Au bonheur des élus sa grâce vous convie: Suivez Suivez toujours, toujours suivez toujours l'Agneau!

2. Suivez-le sans frayeur au jour de la tristesse, Déposez dans son sein votre pesant fardeau. Suivez-le dans la paix au jour de l'allégresse ; Suivez Suivez toujours, toujours suivez, suivez l'Agneau!

3. Mais suivez-le partout. Le berger qui vous mène Ne saurait égarer son cher, son faible agneau. Oui, le joug du Seigneur est une douce chaîne : Suivez Suivez toujours, toujours suivez partout l'Agneau!

4. Suivez-le sans broncher, le chemin solitaire Doit vous conduire, un jour, au céleste repos. Mais pour le suivre au ciel, suivez-le sur la terre: Suivez toujours, ne suivez que l'Agneau!

## N° 29. (C. 1, Ec. 21.)

1. Jésus est notre ami suprême, Oh! quel amour! Mieux qu'un tendre frère il nous aime;

Oh ! quel amour ! Ici parents, amis, tout passe ; Le bonheur paraît et s'efface ; Son cœur seul jamais ne se lasse ; Oh ! quel amour !

2. Il s'est offert en sacrifice : Oh ! quel amour ! Nous bénir est tout son délice : Oh ! quel amour ! Qu'à sa voix notre âme attentive, Toujours en paix, jamais craintive, Près de son cœur saintement vive. Oh ! quel amour !

3. Il est notre vie éternelle ; Oh ! quel amour ! Célébrons son œuvre immortelle, Oh ! quel amour ! Par son sang notre âme est lavée, Au désert il l'avait trouvée En son bercail il l'a sauvée, Oh ! quel amour !

## N° 30. (C. 6.)

1. Avançons-nous joyeux, toujours joyeux, Vers le pays des esprits bienheureux, Vers la demeure où Jésus pour nous prie, Marchons joyeux, c'est là notre patrie, Avançons-nous joyeux, toujours joyeux, Vers le pays des esprits bienheureux.

2. Des chants d'amour retentissent aux c eux ! Quels doux concerts ! Harpes des bienheureux ! Nous entendrons votre saint harmonie Quand nous aurons atteints notre patrie. Avançons-nous joyeux, toujours joyeux, Vers le pays des esprits bienheureux.

3. Là haut, Là haut, tu nous attends Seigneur, Car c'est à toi qu'appartient notre cœur, « Viens ô Jésus » c'est le cri de l'Église ; Recueille-nous dans la terre promise. Là nous serons joyeux, toujours joyeux, C'est le pays des esprits bienheureux.

4. Ton aiguillon, ô mort tu ne l'as plus, Tombeau, déjà nous ne te craignons plus Jésus sur toi remporta la victoire, il nous ouvrit le chemin de la gloire. Lui-même dit : « Accourez tous joyeux, vers le pays des esprits bienheureux. »

5. Heureux bientôt, dans un monde nouveau, Nous prendrons part au banquet de l'agneau, Là plus de cris, plus de deuil, plus de larmes. Là nous serons joyeux, toujours joyeux, C'est le pays des esprits bienheureux.

## N° 31. (C. 14.)

1. Ici pleurer et souffrir ; Voir ceux qu'on aime mourir ; Au ciel toujours ensemble.

Oh ! qu'on sera content, *content (ter)* Près du Seigneur Jésus, On ne se quittera plus.

2. Les rachetés du Seigneur Là haut s'uniront au chœur Des élus et des anges.

Oh ! qu'on sera content, etc.

3. Blanchis au sang de l'Agneau, Rachetés, nés de nouveau, Saints comme Dieu lui-même !

Oh ! qu'on sera content, etc.

4. En longs habits de fin lin, Et des palmes à la main, Rangés près de son trône !
Oh ! qu'on sera content, etc.

5. Nous verrons notre Sauveur ! O grâce, ô gloire, ô bonheur ! Oui, nous verrons sa face !
Oh ! qu'on sera content, etc.

6. Gloire soit à Jésus-Christ ! Gloire soit au Saint-Esprit ! Gloire à Dieu notre Père !
Oh ! qu'on sera content, etc.

## N° 32. (C. 15.)

1. Rachetés, nous volons au pays de la vie. Au pays du bonheur, au royaume d'amour ; Vous qui marchez encore sans Dieu dans la folie, Oh ! dites, voulez-vous y venir dès ce jour ?

*Voulez-vous, (ter)* dès ce jour. Voulez-vous y venir, à ce Dieu plein d'amour ?

2. Dans ce séjour de paix les soupirs de la terre N'altéreront jamais un bonheur infini ; O vous qui languissez au sein de la misère, Oh ! dites, voulez-vous y venir aujourd'hui ?

Voulez-vous, etc.

3. Là plus de pauvreté, mais l'immense richesse, L'héritage de gloire et le Dieu tout amour ; Là jamais de péché, là, jamais de tristesse, Oh ! dites, voulez-vous y venir dès ce jour?

Voulez-vous, etc.

## N° 33. (C. 20)

1. Nous voguons vers un beau rivage Que Jésus nous prépara, nous ne craignons aucun naufrage, Sa grâce nous conduira

Viens avec nous la voile est prête, Viens pécheur que rien ne t'arrête, *Plus d'ouragan, de tempête au séjour du Dieu d'amour. (bis)*

2. Bien des pécheurs vers cette plage Ont déjà pris leur essor, Et tant d'autres sont en voyage Pour y trouver place encor.

Viens avec nous, etc.

3. Pour notre céleste patrie, Voici l'heure du départ ; A venir Jésus te convie Demain il serait trop tard. — Viens avec nous, etc.

4. Sur cette rive hospitalière Sont nos amis, nos parents, Après les luttes de la terre, Nous irons grossir leurs rangs.

Viens avec nous, etc.

5. La voile au vent, l'esquif s'avance. Nous tous à bord, d'un seul cœur, Célébrons la foi, l'espérance Et l'amour du Dieu sauveur.

Viens avec nous, etc.

6. Devant nous de la cité sainte. Bientôt va s'ouvrir le port, De nos cœurs banissant la crainte Chantons dans un saint transport.

Viens avec nous, etc.

## N° 34. (C. 23.)

1. T'aimer, ô sauveur charitable. C'est de mon cœur l'ardent désir ; *Seigneur ! ta grâce est redoutable A qui ne peut pas la saisir. (bis)*

2. Tu m'aimas d'un amour immense, O Christ que je t'aime à mon tour, *Et n'aspire à d'autre science Que de connaître ton amour. (bis)*

3. Christ ! Pour moi tu donnas ta vie, Et, dépouillant ta majesté. *Tu revêtis l'ignominie, Car tu m'aimas d'éternité ! (bis)*

4. Fais que mon âme aussi réponde A tant de biens reçus de toi ; *Pourqu'en mon cœur ta grâce abonde Reste, ô Jésus, reste avec moi. (bis)*

5. Et si la nuit voile la terre, Si le jour est à son déclin, *Jésus, étoile matinière, Luis dans mon ciel soir et matin. (bis)*

---

## N° 35. (C. 24.)

1. A qui donc confier mon sort ? O toi qui le demande, Monte sur l'arche du Dieu fort : Jésus Christ y commande.

Ouvrez la voile au vent du ciel, Allons, amis, courage ! Aux rayons du jour éternel, J'aperçois le rivage.

2. Où va cet arche du Dieu fort ? Amis, où

touche-t-elle ? Les cieux des cieux sont notre port, C'est la vie éternelle ! — Ouvrez la voile, etc.

3. Mais l'orage peut éclater, Là-bas il se prépare ! Point de naufrage à redouter Quand Jésus tient la barre ! — Ouvrez la voile, etc.

4. Comment sur ce vaisseau divin Pourrais-je trouver place ? Le sauveur qui te tend la main, A tous offre sa grâce ! — Ouvrez la voile, etc.

5. Le soleil luit, les cieux sont purs, Les cœurs se réjouissent ! Oh ! de Sion, voyez les murs Qui là-bas resplendissent.

Ouvrez la voile, etc.

6. Bienheureux ! entrons dans le port, et nous joignant aux anges, De l'agneau qui fut mis à mort Entonnons les louanges.

Ouvrez la voile, etc.

## N° 36. (C. 32)

1. Déployons nos ailes Il nous faut saisir, La grâce éternelle Avant de mourir Detournons la face Des biens d'ici bas La haut est ta place Frère n'attends pas.

2. Pélerin du monde Qui marche en pleurant Quand l'orage gronde Courage en avant. Regarde en la nue Jésus triomphant Ton heure est venue Courage, il t'attend !

3. Vois d'ici l'entrée Du lieu du repos, Sion

bien aimée J'y serai bientôt Quittez moi tristesse, Laissez moi regrets. Chantons l'allégresse Jésus, je suis prêt.

## N° 37. (C. 33.)

1. Mon cœur te réclame, Pays du repos ; protégez mon âme ailes du très haut Refuge du monde Me recevrez vous Si l'orage gronde M'abriterez vous. Non, non, non, non, Mille fois non. Le pays de l'âme, le lieu du repos Que mon cœur réclame, rayonne la haut.

2. Prends ton vol mon âme Vers ton beau pays, Vers la pure flamme Du Saint Paradis. Sion bien aimée, Ruisselante d'or, De l'âme altérée Serais-tu le port ? Oui, oui, oui, oui, Mille fois oui, Céleste patrie J'ai soif de repos, Mon âme ravie Te verra bientôt.

3. Mort anéantie Péché disparu Tristesse bannie Du cœur de l'élu, Instruments sonores, Chœurs mélodieux Redites encore Votre chant joyeux ; Repos, repos, Divin repos. Je fuis de la terre Le mortel tourment Dans tes bras mon père, Reçois ton enfant!

## N° 38. (Ec. 70.)

1. Servons tous dès notre enfance Notre adorable Sauveur ; Il veut dans sa grâce immense,

Nous donner le vrai bonheur. Jésus est le meilleur maître, Sa main bénit les enfants ; C'est à lui qu'on ne peut être Ni trop tôt, ni trop longtemps.

2. Jésus bénit et protége Ceux qui marchent par la foi, Il les garde de tout piége, Il leur enseigne sa loi. Heureux qui peut le connaître Et dire avec ses enfants : C'est à lui qu'on ne peut être Ni trop tôt, ni trop longtemps.

3. S'il veut bénir la jeunesse, Il guide encor l'âge mûr ; Dans la paix, dans la détresse Il est l'abri le plus sûr. Hâtons-nous de nous soumettre ; Sachons, avec ses enfants, Qu'à Jésus on ne peut être Ni trop tôt, ni trop longtemps.

---

### N° 39. (Ec. 95.)

1. Une nacelle, en silence, Vogue sur un lac d'azur ; Tout doucement elle avance, Sous un ciel tranquille et pur. Mais soudain le vent s'élève Chassant un nuage noir, *Et les vagues qu'il soulève, Font trembler, car c'est le soir (bis)*.

2. Grande est alors la détresse Des voyageurs éperdus ; Grande est aussi leur faiblesse, Leur foi ne les soutient plus. Mais il en est un qui veille Sur eux tous, bien qu'endormi. *Ah ! faudra-t-il qu'on l'éveille, N'est-il plus leur tendre ami ? (bis)*.

3. Maître, est-tu donc insensible? Tu le vois, nous périssons! Tout miracle t'est possible, Sauve-nous, nous t'en prions! D'eux aussitôt il s'approche, Puis il dit au vent : Tais-toi! *Et tendrement leur reproche D'avoir eu si peu de foi (bis).*

4. Ainsi, souvent dans la vie, L'orage assombrit nos cœurs, Bien que pour nous Jésus prie, Prêt à calmer nos terreurs. Comptons mieux sur sa tendresse, Son cœur ne saurait changer. *De sa brebis en détresse Il est toujours le berger (bis).*

## N° 40. (Ec. 20. C. 16.)

1. Jeunes amis, c'est Jésus qui pardonne. Ce bon Sauveur voulut mourir pour nous ; A tous les siens il promet la couronne, Et pour leur cœur son joug est le plus doux.

Frères, frères, Cherchons son secours ; Frères, frères, Prions-le toujours.

2. Il nous fait grâce en son amour extrême. Avec justice il pourrait nous punir ; Mais sur la croix il s'est livré lui-même, Il est si bon qu'il veut toujours bénir. — Frères, frères, etc.

3. Prions Jésus qu'il règne sur notre âme, Que de tout mal il nous rende vainqueur ; Que notre esprit d'un saint amour s'enflamme Et de son joug connaisse la douceur.

Frères, frères, etc.

## N° 41. (Ec. 22.)

1. Louons de tout notre cœur *Le Seigneur (bis)*; Qu'envers lui le faible enfant Soit reconnaissant. *Dans sa grandeur adorable, Ce Sauveur si charitable, Bien qu'il règne au Paradis, Veille aux plus petits (bis).*

2. De Jésus j'entends la voix, *Et je crois : (bis)* « Laissez venir les enfants Simples, confiants. *Le Règne de Dieu rassemble Ceux dont le cœur leur ressemble.* » *O bonheur! sachons-le tous : Jésus pense à nous (bis).*

3. Offrons-lui bien notre amour *En ce jour (bis).* Que notre constant désir Soit de le servir! *Puissant Sauveur, tendre frère Comment oser lui déplaire, Quand pour nous, prêts à périr, Il voulut mourir! (bis).*

4. Combien son amour pour nous *Nous est doux! (bis)* Faisons de ses soins touchants L'objet de nos chants. *Pour nos fautes qu'il pardonne, Pour cette paix qu'il nous donne, Jusque dans l'éternité Louons sa bonté (bis).*

---

## N° 42 (Ec. 37).

1. Que Dieu bénisse notre Ecole, Où son amour nous donne accès. Que son Esprit, par sa parole, Nous y dispense ses bienfaits ; Et qu'ici nul désir frivole, Ne trouble en nous sa douce paix.

2. Seigneur, tandis qu'on nous enseigne A révérer ta sainte loi, Fais dans nos cœurs grandir ton règne, Par une vive et pure foi; Et que ta grâce nous atteigne, Nous enflammant d'amour pour toi.

3. Qu'à notre École bien chérie Nous accourions d'un cœur joyeux; Qu'ici notre âme, réjouie, Seigneur, se forme sous tes yeux A la pieuse et sainte vie qui nous prépare pour les cieux.

## No 43. (Ec. 46. C. 2.)

1. Voix séculaire, Echo du Sina, Contrat du Calvaire, Où Dieu pardonna; O Bible, ô message De paix et d'amour! Parle, rends-moi sage, Parle chaque jour.

Voix séculaire, Echo de Sina, Contrat du Calvaire, Où Dieu pardonna.

2. Sois ma lumière, Dans l'obscurité; Sur ma vie entière Verse ta clarté. Parole de flamme, Terrible au méchant Consume en mon âme Tout mauvais penchant. — Voix séculaire, etc.

3. Fleuve de vie, Épanche tes flots; Mon âme ravie S'abreuve à tes eaux. Ton onde sacrée Ravive ma foi; Parole inspirée, Je vivrai de toi.

Voix séculaire, etc.

## No 44. (Ec. 47.)

1. Oh! qu'elle est précieuse, Ta Parole, Seigneur! Vers la foi bienheureuse Elle incline le cœur.

Que, dirigés par elle, Remplis de ton amour, Pour la vie éternelle Nous vivions chaque jour.

2. Donne-nous un cœur sage Et docile, et pieux ; Du péché qui t'outrage Garde-nous en tous lieux. Préserve notre enfance D'un monde séducteur ; De tout ce qui t'offense, Eloigne-nous, Seigneur.

## N° 45. (Ec. 65. C. 3.)

1. Une belle Patrie, Dans les hauts cieux, Rassemble après la vie Les Bienheureux, Ils eurent la victoire Par l'Esprit du Seigneur. Oh ! comme ils chantent : Gloire, Gloire au Sauveur !

2. Les anges de lumière Dans ce séjour Exhalent en prière Leur pur amour. Du pécheur la victoire Redouble leur ardeur ; Eux aussi chantent : Gloire, Gloire au Sauveur !

3. Le Fils de Dieu lui-même Vint des hauts cieux Vers ce séjour suprême, Tourner nos yeux. Gardons bien la mémoire Des leçons du Seigneur, Et déjà disons : Gloire, Gloire au Sauveur.

4. De la sainte Patrie Vinrent encor Un Moïse, un Élie Sur le Thabor. Contemplons dans l'histoire Ces élus du Seigneur, Et comme eux donnons gloire Gloire au Sauveur !

5. Nous sommes sur la terre Tous en chemin, Que chacun à son frère Donne la main ; Et tous

heureux de croire Rachetés du Seigneur, Ensemble chantons : Gloire, Gloire au Sauveur !

6. A la belle Patrie Qui veut venir ? Divin Fils de Marie Viens nous bénir ! Sans toi point de victoire. Par toi l'on est vainqueur. Oh ! gloire ! gloire ! gloire ! Gloire au Sauveur !

## N° 46. (Ec. 67.)

1. Je voudrais être un Ange, Un Ange du bon Dieu ; Vivre au ciel en échange De ce terrestre lieu. J'aurais une couronne, En main la harpe d'or ; Vers Jésus sur son trône Mon chant prendrait l'essor.

2. Je n'aurais plus à craindre Ni peines ni douleurs. Nul sujet de me plaindre Ni de verser des pleurs. Mon cœur pur et docile, Pour Jésus plein d'amour Dans ce céleste asile Le loûrait nuit et jour.

3. Si mon désir embrasse Ce destin glorieux C'est que Dieu, par sa grâce, Me forme pour les cieux. Oui, je sais que l'enfance Est chère à mon Sauveur, Aussi, plein d'assurance, J'aspire à ce bonheur.

## N° 47. (Psaume 25.)

1. A toi, mon Dieu, mon cœur monte ; En toi mon espoir j'ai mis : Serai-je couvert de honte

Au gré de mes ennemis? Jamais on n'est confondu, Quand sur toi l'on se repose ; Mais le méchant est perdu, qui nuit aux justes sans cause.

2. O Dieu ! montre-moi la voie Qui seule conduit à toi ; Fais que je marche avec joie Dans les sentiers de ta loi ; Fais que je suive toujours De ta vérité la route, Toi qui, de ton prompt secours, Veux que jamais je ne doute.

3. Souviens toi de ta clémence, Car elle fut de tout temps ; Prends pitié de ma souffrance. C'est ta grâce que j'attends. Mets loin de ton souvenir Les péchés de ma jeunesse, Et daigne encore me bénir, Seigneur, selon ta promesse.

4. Dieu fut toujours véritable, Bon et juste, il le sera ; Et du pécheur misérable La voie il redressera Il fera tenir aux bons Une conduite innocente ; Et, les comblant de ses dons, Il remplira leur attente.

5. La vérité, la clémence Sont les sentiers du Seigneur, Pour ceux qui son alliance Observent de tout leur cœur. O Seigneur ! par ton saint nom, Et par ta bonté suprême, Accorde-moi le pardon De ma faute quoique extrême !

6. Qui craint Dieu, qui veut bien vivre, Jamais ne s'égarera ; Car, au chemin qu'il doit suivre, Dieu même le conduira. A son aise et sans ennui, Il verra le plus long âge, Et ses enfants, après lui, auront la terre en partage.

7. L'Eternel se communique A ceux dont les cœurs sont droits ; A qui le craint il explique Son ordonnance et ses lois. Je ne m'en écarte pas ; Mes yeux sont sur lui sans cesse ; Il détournera mes pas Des pièges que l'on me dresse.

## No 48. (Psaume 27.)

1. Dieu fut toujours ma lumière et ma vie. Qui peut me nuire, et qu'ai-je à redouter ? J'ai pour soutien sa puissance infinie ; L'homme mortel peut-il m'épouvanter ? Quand les méchants m'ont livré cent combats, Et qu'ils m'ont cru déchirer de leurs dents, Je les ai vus, ces ennemis ardents, Broncher partout, tomber à chaque pas.

2. Que tout un camp m'approche et m'environne, Mon cœur jamais de s'en alarmera ; Qu'en ce péril tout secours m'abandonne, Un ferme espoir toujours me soutiendra. A l'Eternel je demande un seul point, Et j'ai fait vœu de t'en prier toujours, Qu'aussi longtemps que dureront mes jours, De sa maison il ne m'éloigne point.

6. Quand je n'aurais pour moi père ni mère, Quand je n'aurais aucun secours humain, Le Tout-Puissant, en qui mon âme espère, Pour me sauver, me prendrait par la main. Conduis-moi donc, ô Dieu qui m'as aimé ; Délivre-moi de mes persécuteurs ; Ferme la bouche à mes accusateurs ; Ne permets pas que j'en sois opprimé.

7. Si je n'eusse eu cette douce espérance, Qu'un jour en paix, après tant de travaux, Des biens de Dieu, j'aurais la jouissance, Je succombais sous les poids de mes maux, Toi donc, mon âme en ton plus grand tourment, Attends de Dieu la grâce et le secours ; Son bras puissant t'affermira toujours ; Attends, mon âme, attends Dieu constamment.

## N° 49. (Psaume 32.)

1. Heureux celui de qui Dieu, par sa grâce, Et les erreurs et les fautes efface ! Heureux celui de qui tous les péchés, Devant son Dieu sont couverts et cachés ! Enfin heureux cent et cent fois, j'estime, L'homme à qui Dieu n'impute point son crime. Et qui, parmi les faiblesses qu'il sent, De toute fraude au moins est innocent !

2. Quand, dans les maux qu'attirait mon offense, Trop obstiné, J'ai gardé le silence, Quand de douleur, J'ai crié sans cesser, Mes os n'ont fait que fondre et s'abaisser ; J'ai, nuit et jour, senti ta main puissante Sur moi, Seigneur, se rendre plus pesante ; Mon corps s'est vu dans cette extrémité. Plus sec qu'un champ dans l'ardeur de l'été.

3. Mais aussitôt que sans hypocrisie J'ai déploré les fautes de ma vie, Dès que j'ai dit : confessons mon forfait, De ton pardon j'ai ressenti

l'effet. Ainsi, celui que ton amour éprouve Te cherchera dans le temps qu'on te trouve ; Et quand de maux un déluge courrait, De tout danger ta main le sauverait.

4. En toi, Seigneur, je trouve un sûr asile, Rien ne m'alarme et mon âme est tranquille ; Et chaque jour j'ai de nouveaux sujets De te louer des biens que tu me fais. Venez à moi, mortels, venez apprendre Le droit chemin qu'en ce monde on doit prendre ; En me suivant vous ne broncherez pas, Je prendrai soin de conduire vos pas.

## N° 50. (Psaume 42.)

1. Comme un cerf altéré brame Après le courant des eaux, Ainsi soupire mon âme, Seigneur, après tes ruisseaux. Elle a soif du Dieu vivant, Et s'écrie en le suivant : Mon Dieu ! Mon Dieu ! quand sera-ce Que mes yeux verront ta face ?

2. Pour pain je n'ai que mes larmes, Et nuit et jour en tout lieu, Lorsqu'en mes dures alarmes On me dit : que fait ton Dieu ? Je regrette la saison Que j'allais en ta maison, Chantant avec les fidèles Tes louanges immortelles.

5. Les torrents de ta colère Ont sur moi cent fois passé ; Mais, par ta grâce j'espère Qu'enfin l'orage a cessé. Tu me conduiras le jour ; Et moi la nuit à mon tour, Louant ta majesté sainte, Je t'adresserai ma plainte.

7. Mais pourquoi, mon âme, encore, T'abattre avec tant d'effroi, Espère au Dieu que j'adore, Il sera loué de moi. Un regard dans sa faveur Me dit qu'il est mon Sauveur ; Et c'est aussi lui, mon âme, Qu'en tous mes maux je réclame.

## N° 51. (Psaume 51.)

1. Miséricorde et grâce, ô Dieu des cieux ! Un grand pécheur implore ta clémence ; Use en ce jour de ta douceur immense, Pour abolir mes crimes odieux. O Seigneur, lave et relave avec soin De mon péché la tache si profonde, Et fais-moi grâce en ce pressant besoin : Sur ta bonté tout mon espoir se fonde.

2. Mon cœur rempli de tristesse et d'effroi, Connaît sa faute et sent qu'elle est énorme : Mon crime, hélas ! sous sa plus laide forme, Me suit partout et se présente à moi. Contre toi seul j'ai commis ce forfait ; C'est à toi seul à punir mon offense ; Et si tu veux me punir en effet, Tu paraîtras juste dans ta sentence.

4. Avec l'hysope arrose-moi, seigneur ; Lave mon âme, efface sa souillure ; Tu te plairas à la voir ainsi pure, Et l'emporter sur la neige en blancheur. Si ta pitié, m'exauçant aujourd'hui, Me fait sentir le pardon que j'implore, Mes os brisés après un long ennui, Pourront en toi se raffermir encore.

## Nº 52 (Psaume 65.)

1. O Dieu, c'est dans ta Sion sainte Que tu seras loué ; C'est là, qu'avec respect et crainte, Tout honneur t'est voué ; Et puisque tu daignes entendre Nos vœux et nos soupirs, Tous les peuples viendront s'y rendre, Pleins de mêmes désirs.

2. Hélas ! mes erreurs et mes vices Allumaient ton courroux ; Mais, Seigneur, tes bontés propices T'apaisent envers nous. Oh ! qu'heureux l'homme se peut dire; qu'il ta plu d'adopter ! Dans tes parvis il se retire, Tu l'y fais habiter.

3. Des biens que tu nous voudras faire Nos cœurs se rempliront ; Des douceurs de ton sanctuaire Nos âmes jouiront. Tes arrêts toujours équitables, Grand Dieu qui nous soutiens, Par des châtiments redoutables Se font connaître aux tiens.

## Nº 53 (Psaume 84)

1. Roi des rois, Éternel mon Dieu, Que ton tabernacle est un lieu, Sur tous les autres lieux aimables, Mon cœur languit, mes sens ravis Ne respirent que tes parvis, Et que ta présence adorable ; Mon âme vers toi s'élevant, Cherche ta face, ô Dieu vivant !

2. Hélas ! Seigneur, le moindre oiseau, L'hirondelle, le passereau, Trouveront chez toi leur

retraite ; Et moi, dans mes ennuis mortels, Je languis loin de tes autels ; c'est en vain que je m'y souhaite. Heureux qui peut dans ta maison, Te louer en toute saison !

3. Oh ! mille fois heureux celui De qui toujours tu fus l'appui, Et qui, d'une route constante, Passe pour te rendre ses vœux Le vallon sec et sablonneux, Sans que la peine l'épouvante ! L'eau vive sous sa main naîtra, L'eau du ciel ses puits remplira.

4. Toujours plus fort ils marcheront, Jusqu'à ce qu'enfin ils viendront, Dans Sion, devant Dieu se rendre. Toi qui veilles sur Israël, Grand Dieu, de ton trône éternel, Daigne mes prières entendre : Dieu de Jacob ! exauce-moi Quand j'élève mon cœur à toi.

5. O Dieu qui nous défends des cieux ! Vers ton Oint tourne enfin les yeux ; J'aimerais mieux en toutes sortes, Un jour chez toi que mille ailleurs ; Et je crois les emplois meilleurs Des simples gardes de tes portes, Que d'habiter ces palais Où la vertu n'entra jamais.

6. Qui veut en toi se confier T'a pour soleil, pour bouclier ; Tu donnes la grâce et la gloire ; Tu couronnes l'intégrité D'honneur et de félicité, Au delà de ce qu'on peut croire Oh ! mille et mille fois heureux Celui qui t'adresse ses vœux.

## No 54. (Psaume 98.)

1. Peuples, chantez un saint cantique A l'honneur du grand Dieu des cieux, Qui par sa force magnifique Est demeuré victorieux. Son grand pouvoir s'est fait connaître Quand sa main nous a garantis ; Sa justice a daigné paraître Pour nous au milieu des Gentils.

2. Dieu de sa bonté secourable A bien voulu se souvenir ; Selon sa promesse immuable, Il veut son peuple maintenir. Le salut que Dieu nous envoie Jusqu'au bout du monde s'est vu ; Que donc d'allégresse et de joie L'univers entier soit ému !

---

## No 55. (Psaume 100.)

1. Vous qui sur la terre habitez, Chantez à haute voix, chantez, Réjouissez-vous au Seigneur, Par un saint hymne à son honneur.

2. Sachez qu'il est le Souverain Qui, sans nous, nous fit de sa main ; Nous, le peuple qu'il veut chérir, Et le troupeau qu'il veut nourrir.

3. Entrez dans son temple aujourd'hui, Venez vous présenter à lui ; Célébrez son nom glorieux Et l'élevez jusques aux cieux.

4. C'est un Dieu rempli de bonté, D'une éternelle vérité ; Toujours propice à nos souhaits, Et sa grâce dure à jamais.

## N° 56. (Psaume 101.)

1. Dieu tout-puissant, à mes vœux si propice, Je veux chanter ta grâce et ta justice ; Jusqu'à ma fin, je chanterai, Seigneur, A ton honneur.

2. Viens donc, ô Dieu, soutiens-moi par ta grâce, Tu me verras marcher devant ta face ; Dans ma maison la justice toujours Aura son cours.

3. Jamais le mal ne séduira mon âme, Car des méchants je hais la voix infâme ; Ils me craindront et n'oseront chercher A m'approcher.

4. Ceux qui suivront une route égarée Chez moi jamais n'auront aucune entrée ; L'on n'y verra nul d'entre eux écouté, Ni supporté.

---

## N° 57. (Psaume 105.)

1. Venez, et du Seigneur sans cesse Louez la force et la sagesse. Que son grand nom, partout semé, Soit aussi partout réclamé ; Qu'on fasse éclater en tous lieux Le bruit de ses faits glorieux.

2. Qu'on s'assemble, qu'on psalmodie, Qu'on le loue avec mélodie ; Que tout fidèle qui le craint Chante et triomphe en son nom saint ; Qu'enfin tout cœur reconnaissant Soit joyeux en le bénissant.

3. Que chacun cherche sa présence ; Qu'on vante sa magnificence ; Que ses hauts faits soient admirés Et ses oracles révérés ; Qu'on célèbre ses jugements Et qu'on craigne ses châtiments.

### N° 58 (Psaume 111.)

1. De tout mon cœur, dans tous les lieux Où les hommes droits et pieux Forment leurs saintes assemblées, Je rendrai mes vœux au Seigneur, Je célébrerai son honneur Par mille chansons redoublées.

2. Qu'ils sont grands, ô Dieu, tes projets ! Qu'ils sont merveilleux tes hauts faits ! Que l'étude en est agréable ! Partout brille ta majesté ; Et pour nous, Seigneur, ta bonté, Est un trésor inépuisable.

3. Par des miracles glorieux Son bras puissant devant nos yeux A fait éclater sa clémence. Sa faveur les justes soutient, Et pour Jacob, il se souvient De son éternelle alliance.

### N° 59 (Psaume 116.)

1. J'aime mon Dieu, car son puissant secours Rendit la paix à mon âme éperdue ; A mes soupirs son oreille est tendue, Je veux aussi l'invoquer tous les jours.

2. Je n'avais plus ni trêve ni repos, Déjà la

mort me tenait dans ses chaînes, Mon cœur souffrait les plus cruelles peines, Quand je lui fis ma prière en ces mots :

3. Ah ! sauve-moi du péril où je suis ; Et dès lors même il me fut favorable, Il est toujours et juste et secourable, Et toujours prompt à calmer nos ennuis.

4. Quand j'étais prêt à périr de langueur, Il me sauva, Ce Dieu que je réclame ; Retourne donc en ton repos, mon âme, puisqu'il te fait éprouver sa faveur.

5. Ta main puissante a détourné ma mort, Séché mes pleurs, soutenu ma faiblesse ; Sous tes yeux donc je veux marcher sans cesse, Toute ma vie, ô mon Dieu, mon support !

7. Mais que rendrai-je à Dieu pour ses bienfaits ? Ma main prendra la coupe de louanges, Ma voix fera jusqu'aux climats étranges De sa bonté retentir les effets.

8. Dès ce moment je lui rendrai mes vœux, Devant son peuple et dans son sanctuaire ; Car de tous ceux qui cherchent à lui plaire Les jours lui sont et chers et précieux.

9. Enfin, grand Dieu, tu sais ce que je suis Ton serviteur, le fils de ta servante. Brisant mes fers, tu passes mon attente ; Je veux, au moins, t'offrir ce que je puis.

10. Je veux toujours obéir à tes lois, Chanter

ta gloire, invoquer ta puissance, Et, devant tous, plein de reconnaissance, En hymmes saints faire éclater ma voix.

11. Dans ta maison je dirai ton honneur, Dans ta cité, Jérusalem la sainte : Que chacun donc, avec joie, avec crainte, Se joigne à moi pour louer le Seigneur.

## N° 60. (Psaume 119.)

1. Heureux celui qui, par un juste choix, S'abstient du mal et vit dans l'innocence; Qui, craignant Dieu, se soumet à ses lois. Heureux celui qui, dans son alliance, Garde avec soin ses statuts précieux, Dont il a fait son unique science.

2. Loin de se plaire à des faits odieux, Le juste marche ainsi que Dieu l'ordonne Par le chemin qu'il nous montra des cieux ; Tu veux, Seigneur, qu'en ce monde on s'adonne A se former sur ton commandement, Et que ta loi jamais on n'abandonne.

3. Mais par ta grâce, ô Dieu juste et clément, Guide mes pas où ta voix me convie, Sans que jamais j'y bronche seulement. Nul déshonneur ne troublera ma vie, Si mon esprit, en ta voie arrêté, De t'obéir, ne perd jamais l'envie.

87. Veuille, Seigneur, veuille donc promptement Pour mon secours ta forte main étendre, Car je m'attache à ton commandement. C'est de

toi seul que je veux tout attendre; Et, désormais, mon unique plaisir sera celui qu'en ta loi je veux prendre.

88. Si j'ai de vivre encor quelque désir, C'est pour ta gloire, et mon âme éclairée Pour son objet veut toujours la choisir. Hélas ! je suis la brebis égarée ; De me chercher, Seigneur, prends le loisir, Car dans le cœur ta loi m'est demeurée.

## N° 61 (Psaume 130.

1. Au fort de ma détresse, Dans mes profonds ennuis, A toi seul, je m'adresse Et les jours et les nuits ; Grand Dieu ! prête l'oreille A mes cris éclatants, Que ma voix te réveille, Seigneur, il en est temps.

2. Si ta rigueur extrême Nos péchés veut compter, O majesté suprême ! Qui pourra subsister ? Mais ta juste colère Fait place à ta bonté, Afin qu'on te révère Avec humilité.

3. En Dieu je me console Dans mes plus grands malheurs, Et sa ferme parole Apaise mes douleurs. Mon cœur vers lui regarde, Brûlant d'un saint amour, Plus matin que la garde Qui devance le jour.

4. Qu'Israël sur Dieu fonde En tout temps son appui En lui la grâce abonde, Le secours vient de lui. De toutes nos offenses Il nous rachètera ; De toutes nos souffrances Il nous délivrera.

## No 62 (Psaume 138.)

1. Il faut, grand Dieu, que de mon cœur La sainte ardeur Te glorifie : Qu'à toi des mains et de la voix, Devant les rois Je psalmodie. J'irai t'adorer, ô mon Dieu ! En ton saint lieu, D'un nouveau zèle ; Je chanterai ta vérité, Et ta bonté toujours fidèle.

2. Ton nom est célèbre à jamais par les effets De tes paroles ; Quand je t'invoque, tu m'entends, Quand il est temps Tu me consoles. Tous les rois viendront à tes pieds, Humiliés, Prier sans cesse; Sitôt qu'ils auront une fois Ouï ta voix De ta promesse.

3. Ils rempliront par leurs concerts Tout l'univers De tes louanges ; Les peuples qui les entendront, Admireront Tes faits étranges. O grand Dieu, qui, de tes hauts cieux, Dans ces bas lieux Vois toute chose ; Quoique tu sembles être loin, C'est sur ton soin Que tout repose.

4. Si mon cœur dans l'adversité Est agité, Ta main m'appuie ; C'est ton bras qui sauve des mains Des inhumains Ma triste vie. Quand je suis le plus abattu, C'est ta vertu Qui me relève ; Ce qu'il ta plû de commencer, Sans se lasser Ta main l'achève.

## No 63 (Psaume 141.)

1. Grand Dieu ! c'est toi que je réclame : Prête

l'oreille, écoute-moi ; Entends mes cris et hâte-toi De venir consoler mon âme.

2. Qu'au ciel parvienne ma demande Comme on y voit monter l'encens ; Reçois mes mains que je te tends, Comme au soir tu reçois l'offrande.

3. Ferme de mes lèvres la porte, Et garde ma bouche, ô mon Dieu ! Afin qu'en nul temps, en nul lieu, Aucun mauvais discours n'en sorte.

4. Éloigne mon cœur des délices Dont les méchants sont enchantés ; Si je goûtais leurs voluptés, Je pourrais prendre aussi leurs vices.

5. Que le juste me soit sévère, Ses reproches me seront doux ; Et pour moi ses plus rudes coups Seront un baume salutaire.

## N° 64. (Cantique de Siméon)

1. Laisse-moi désormais, Seigneur, aller en paix ; Car selon ta promesse, Tu fais voir à mes yeux Le salut glorieux Que j'attendais sans cesse.

2. Salut qu'en l'univers Tant de peuples divers vont recevoir et croire ; Ressource des petits, Lumière des Gentils Et d'Israël la gloire.

## N° 65. (Ps. et Cant. 2.)

1. Grand Dieu ! nous te bénissons, Nous célébrons tes louanges, Eternel ! nous t'exaltons De

concert avec les anges, *Et prosternés devant toi, Nous t'adorons, ô grand Roi ! (bis)*.

3. Saint, saint, saint est l'Eternel, Le Seigneur, Dieu des armées ! Son pouvoir est immortel ; Ses œuvres partout semées *Font éclater sa grandeur, Sa majesté, sa splendeur (bis)*.

5. Ton Église qui combat, Sur la terre répandue, Et l'Église qui déjà A la gloire est parvenue, *Entonne un chant solennel A Jésus Emmanuel (bis)*.

6. Tu vins, innocent Agneau ! Souffrir une mort cruelle : Mais, triomphant du tombeau Par ta puissance éternelle *Tu détruisis tout l'effort De l'enfer et de la mort (bis)*.

7. Sauve ton peuple, Seigneur, Et bénis ton héritage ! Que ta gloire et ta splendeur Soient à jamais son partage ! *Conduis-le par ton amour Jusqu'au céleste séjour (bis)*.

9. Puis ton règne de paix S'étendre par tout le monde ! Dès maintenant à jamais Que sur la terre et sur l'onde *Tous genoux soient abattus Au nom du Seigneur Jésus (bis)*.

10. Gloire soit au Saint-Esprit ! Gloire soit à Dieu le Père ! Gloire soit à Jésus-Christ, Notre époux et notre frère ! *Son immense charité Dure à perpétuité (bis)*.

## N° 66 (Ps. & Cant. 4.)

1. *Trois fois saint Jéhovah ! (bis)* Notre âme,

en ta présence, Dans une humble assurance, *S'écrie : Alléluia ! (bis)* Ta gloire est immortelle, Ta grâce est éternelle, *O Père ! ô Fils Sauveur ! (ter)* O saint Consolateur !

2. *Les esprits bienheureux, (bis)* Tes élus et tes anges, Célèbrent tes louanges *Aux demeures des cieux. (bis)* Nous aussi, sur la terre, Vers le vrai sanctuaire *Jusqu'à toi, Roi des rois ! (ter).* Nous élevons nos voix.

3. *Oui nous cherchons Seigneur, (bis)* Le regard de ta face : Que du trône de grâce *Il vienne en notre cœur ! (bis)* Oui, qu'il mette en notre âme La pure et vive flamme *De l'amour que pour toi (ter)* Doit nourrir notre foi !

4. *Amen ! ô notre Dieu ! (bis)* Que ta bonté fidèle A ce cœur qui t'appelle *Réponde du saint lieu ! (bis)* Et qu'en ta paix parfaite Ton Église répète : *Trois fois saint Jéhovah ! (ter)* Amen ! Alleluia !

---

### N° 67. (Ps. & Cant. 5).

1. L'éternel seul est Seigneur, *Seul il est dominateur (bis)* Sur les peuples de la terre. *Il est maître souverain, (bis)* Des ouvrages que sa main Pour sa gloire a voulu faire.

2. Mais quel bienheureux mortel *Au saint mont de l'Éternel (bis)* Aura le droit de paraître ?

*Et quel homme, ô puissant Roi! (bis)* Pour demeurer avec toi, Assez juste pourrait être?

3. C'est l'homme qui, dans son cœur, *Par ton Esprit, ô Seigneur! (bis)* Hait du péché les souillures; *Qui, fuyant la fausseté, (bis)* Te sert en sincérité, Levant à toi des mains pures.

4. Oui, cet homme recevra, *De son Dieu qu'il cherchera, (bis)* Le salut et la justice. *Oui, tes enfants à jamais, (bis)* Seigneur, trouveront ta paix Et ta lumière propice.

5. Ouvrez-vous, célestes lieux! *Haussez-vous, portes des cieux! (bis)* Car voici le Roi de gloire. *Quel est ce roi, ce vainqueur? (bis)* C'est Jésus, le Rédempteur, Qui revient de la victoire.

6. Avec lui nous entrerons, *Avec lui nous régnerons (bis)* Dans cette gloire éternelle. *Ouvrez-vous, portes des cieux! (bis)* Tressaillez, célestes lieux, D'une allégresse nouvelle!

---

## N° 68. (Ps. & Cant 6.)

1. Je chanterai, Seigneur, tes œuvres magnifiques, Ton auguste pouvoir, ta suprême grandeur. Aux concerts de tes saints j'unirai les cantiques *Que pour toi dicte mon cœur (bis)*.

2. Oh! que de l'Éternel la parole est féconde! L'univers fut jadis l'ouvrage de sa voix. Il dit: les éléments, le ciel, la terre et l'onde, *Du néant sortent à la fois. (bis)*

3. Le monde passera : ce superbe édifice Un jour s'ébranlera jusqu'en ses fondements. Ta sagesse, grand Dieu ! ta bonté, ta justice, *Subsisteront dans tous les temps. (bis)*

## N° 69. (Ps. & Cant. 9.)

1. Oui, je bénirai Dieu tout le temps de ma vie, Les justes l'entendront, Des glorieux transports de mon âme ravie, *Ils se réjouiront (bis).*

2. Chrétiens, magnifions et louons tous ensemble Le beau nom du Sauveur ! Ses élus, à leurs cris, sous son aile il rassemble, *Et chasse leur frayeur (bis).*

3. Dès qu'on l'a regardé dans sa vive lumière, On reprend tout espoir. Cet affligé criait : Jésus, à sa prière, *Lui montra son pouvoir (bis).*

4. L'ange de l'Éternel se campe avec puissance Autour de ses enfants. Il les garde et soutient, il est leur délivrance *Dans leurs dangers pressants (bis).*

5. Venez et savourez, sous son paisible empire, Sa fidèle bonté. Oh ! que l'homme est heureux qui vers Dieu se retire *En sa calamité. (bis)*

## N° 70. (Ps. & Cant. 10.)

1. Saints des saints, tout mon cœur *veut s'élever à toi (bis)*. Tu me dis de chercher le regard

de ta face, Fais-moi sentir ta puissante efficace. *Esprit de Dieu, viens soutenir ma foi (bis).*

2. Éternel, ton amour *te fit mon créateur (bis);* Tu formas de mon corps l'étonnant assemblage ; Mon âme aussi, mon âme est ton image, *Et pour t'aimer tu me donnas un cœur (bis).*

3. Ta bonté m'accueillit *au lever de mes jours (bis¹);* Tu veillas au berceau de ma fragile vie ; Par ta faveur ma route fut choisie, *Mille douceurs en charmèrent le cours (bis).*

4. Mais bientôt j'oubliai, *Seigneur, ce tendre soin (bis);* Trop souvent en mon cœur je méconnus ta grâce. Que de mépris ! que d'orgueil et d'audace, *Que de détours dont tu fus le témoin! (bis).*

5. Devant toi je rougis *et demeure confus (bis);* Mais, Seigneur, ta pitié relève ma misère N'as-tu pas mis entre elle et ta colère *L'amour, la croix et le sang de Jésus (bis)* ?

5. Oui, Seigneur, tu m'entends, *tu m'ôtes ma douleur (bis);* Je me sens ton enfant ; mon père je t'appelle. De ton secours la promesse est fidèle ; *Béni sois-tu ! Ta paix rentre en mon cœur (bis).*

## N° 71. (Ps. & Cant. 14.)

1. Il vient, il vient, c'est notre Rédempteur ; Hausse la voix pour chanter ton Sauveur, Jéru-

salem, ville de l'alliance ; Dis à Juda quelle est ton espérance, *Alléluia dans le saint lieu (bis)!* Car voici Jésus *notre Dieu (ter)*.

2. Devant Jésus tout coteau croulera ; Sur les puissants son bras dominera. Tremblez, pécheurs ! redoutez sa colère : Il a pour vous un terrible salaire. *Tremblez ! tremblez ! Malheur ! malheur (bis)!* Car voici le fort, *le vengeur (ter)!*

3. Comme un berger il paîtra son troupeau ; Pour la brebis et pour le faible agneau, Il est toujours dans ses bras un asile. C'est aux chétifs qu'il offre l'Évangile ! *Triste Sion, dis désormais : (bis).* Jésus est Prince *de la paix ! (ter).*

4. Jésus est grand ; son nom est glorieux ! Car de ses doigts il compassa les cieux ; Il a pesé les monts à la balance, Et dans sa main l'océan prit naissance. *Sachez sachez, que le Sauveur (bis)* Est aussi le Dieu *Créateur ! (ter).*

---

### N° 72. (Ps. & Cant. 15.)

1. Hosanna ! béni soit le Sauveur débonnaire, Qui vers nous, plein d'amour, descend du sein du Père ! Béni soit le Seigneur, qui vient des plus hauts cieux Apporter aux humains *un salut glorieux (bis)* !

2. Hosanna ! Béni soit ce prince de la vie ! Que de joie, en son nom, notre âme soit ravie ! Qu'en

des chants tout nouveaux elle éclate aujourd'hui; Que tout enfant de Dieu *tressaille devant lui (bis)*;

3. Hosanna ! Béni soit cet ami charitable, Que le plus grand pécheur va trouver favorable ! Humble et sans apparat, sous notre humanité Il a voilé l'éclat de *sa divinité (bis)*.

4. Hosanna ! Béni soit Jésus notre justice ! Pour nous, pour nos péchés, il s'offre en sacrifice. Ce Seigneur tout puissant, ce Roi de tous les rois Pour nous, pauvres pécheurs, *vient mourir sur la croix )bis)*.

5. Hosanna ! Hosanna, dans son heureuse Église ! Elle est en liberté ; Jésus se l'est acquise. Ce transport est permis : c'est celui de la foi. Et tes enfants, Seigneur ! *s'y livrent devant toi (bis)*.

---

### (N° 73. (Ps. & Cant. 16.)

1. A celui qui nous a sauvés, Et dont le sang nous a lavés, Soit empire et magnificence ! D'esclaves il nous a fait rois ; Rendons à ses divines lois Une parfaite obéissance.

2. Célébrons tous la charité De ce Sauveur ressuscité, Et disons avec les saints anges : « Digne est l'Agneau de recevoir Hommage, honneur; force et pouvoir, Gloire, richesses et louanges. »

## No 74. (Ps. & Cant. 17.)

Agneau de Dieu, par tes langueurs, Tu pris sur toi notre misère, Et tu nous fis pour Dieu ton Père, Et rois et sacrificateurs ; Ensemble aussi nous te rendrons Honneur, gloire et magnificence, Force, pouvoir, obéissance, Et dans nos cœurs nous t'adorons. Amen ! Amen ! Seigneur ! Amen !

## No 75. (Ps. & Cant. 19.)

1. O Christ ! j'ai vu ton agonie Et mon âme a frémi d'horreur ! Oui, tu viens de perdre la vie, Et c'est pour moi pauvre pécheur.

2. A ta mort, la nature entière Se répand en cris de douleur ; Le soleil cache sa lumière ; Les élus pleurent leur Sauveur.

3. Que ta mort, ô sainte victime ! Soit toujours présente à nos yeux ! Ton sang peut seul laver le crime ; Seul il peut nous ouvrir les cieux.

4. O Christ ! ta charité profonde Touche, pénètre notre cœur : Tu meurs pour les péchés du monde ; Toi seul es notre Dieu Sauveur !

## No 76. (Ps. & Cant. 20.)

1. Obscur et pauvre au monde présenté, Nous le voyons sans éclat, sans beauté. Ce Roi des rois, ce Fils du Père Vit ici-bas dans la misère. Il

s'est chargé de toutes nos langueurs *Et sur sa croix a porté nos douleurs* (*bis*).

2. Ce bon Sauveur, comme il est méprisé! qu'en y pensant notre cœur soit brisé! Pour nous il vit dans l'indigence; Pour nous il connaît la souffrance.

Il s'est chargé, etc.

3. Que ce Jésus que nous avons percé Dans notre cœur par la foi soit placé! Car sa mort, qui nous justifie, Par la foi devient notre vie.

Il s'est chargé, etc.

---

## N° 77. (Ps. & Cant. 22.)

1. Entonnons dans ce jour un cantique nouveau A l'honneur de Jésus, qui sort de son tombeau: Il a de notre Juge apaisé la colère; Il a fait notre paix avec Dieu, notre Père.

2. Pour nous ce Fils de Dieu s'est revêtu d'un corps; Pour nous il est entré dans le séjour des morts, Après avoir souffert une peine infinie, Et perdu sur la croix son innocente vie.

3. Publions son triomphe, il est ressuscité; Il règne dans le ciel tout plein de majesté: Les esprits bienheureux qui contemplent sa gloire Célèbrent ses vertus, ses combats, sa victoire.

4. Ressuscitons, chrétiens, avec notre Sauveur; Suivons ce divin Chef, ce glorieux Vain-

queur, Et détachons nos cœurs des choses de la terre, Dont la gloire et les biens n'ont que l'éclat du verre.

5. Élevons nos esprits vers les biens éternels ; Si nous sommes ici malheureux et mortels, Sachons que notre vie avec Christ est cachée Dans le sein du Très-Haut, qui nous l'a destinée.

6. Quand notre Rédempteur redescendra des cieux, Nous paraîtrons alors avec lui glorieux ; Le voyant tel qu'il est, nous lui serons semblables, Et nous célébrerons ses bontés ineffables.

## N° 78. (Ps. & Cant. 35.)

1. Éternel, ô mon Dieu ! j'implore ta clémence ; Indigne de pardon devant ta sainteté, Je n'ai droit, je le sens, qu'à ta juste vengeance, Car ton œil est trop pur pour voir l'iniquité.

2. Du juste seul tu dois exaucer la prière ; Mais il n'est qu'un seul juste, et ce juste c'est toi, Toi qui vins en ton Fils partager ma misère ; Et ce Fils aujourd'hui veut t'implorer pour moi.

3. Je suis le criminel, Jésus souffre à ma place ; Par sa mort il m'arrache à l'éternel trépas. Que, lavée en son sang, mon âme trouve grâce, Et que ton Esprit saint vienne guider mes pas !

4. Seigneur, qu'aux doux rayons du Soleil de justice, Je sente un nouveau cœur en moi

s'épanouir ! Qu'en tous temps, en tous lieux, mon âme te bénisse ! De foi, de charité, daigne, ô Dieu ! la remplir.

### N° 79. (Ps. & Cant. 36).

1. Dans l'abîme de misères Où j'expirais loin de toi, Ta bonté, Dieu de mes pères, Descendit jusques à moi. Tu parlas, mes yeux s'ouvrirent. A mes regards éperdus Tes secrets se découvrirent ; J'étais mort, et je vécus.

2. Mais ma vie est faible encore, Et je sens, jusqu'à ce jour, Dans ma foi qui vient d'éclore Plus de remords que d'amour. D'un passé qui m'humilie J'entretiens mon souvenir ; Je me contemple, et j'oublie Le Dieu qu'il faudrait bénir.

3. O Dieu ! s'il faut qu'on te craigne, Tu veux surtout être aimé ; Être aimé, voilà ton règne : Ta gloire, c'est d'être aimé. Qui ne t'aime ô Dieu fidèle ! Foule d'un pied révolté La loi sainte et paternelle De la céleste cité.

4. Plus haut que toute pensée Ta main étendit les cieux ; Tu veux : leur voûte embrasée Se peuple de nouveaux feux. Mais privés d'aimer, de croire, Tous ces cieux et leur splendeur Ne valent pas pour ta gloire Un seul soupir d'un seul cœur.

5. Esprit du Dieu que j'adore, Ah ! forme en moi ce soupir, Ce feu qui n'a point encore Ré-

chauffé mon repentir. Qu'à l'amour mon cœur se livre, Et qu'il répète à jamais : Aimer, aimer, voilà vivre. Fais-moi vivre, ô Dieu de paix !

### N° 80 (Ps. & Cant. 40.)

1. Ah ! laissez-moi, terrestres joies ! C'est en Jésus qu'est mon plaisir. Il m'a tiré des sombres voies Où loin de lui j'allais périr.

2. Le monde n'est que convoitise, Tourment d'esprit et vanité. Bientôt sa gloire sera mise Dans l'éternelle obscurité.

3. Ah ! je le sais, car ma pauvre âme, Longtemps erra loin du Seigneur, Et du péché l'impure flamme Longtemps aussi souilla mon cœur.

4. Alors en paix je croyais être Et je vantais mon heureux sort ; Mais mon Sauveur m'a fait connaître Que cette paix était la mort.

5. Non, cher Sauveur, ce n'est pas vivre, Qu'être éloigné de ton regard ; Il faut t'aimer, il faut te suivre, Pour posséder la bonne part.

6. Aussi, toujours, Roi débonnaire, Je veux te suivre par la foi, Et je trouverai sur la terre Le vrai repos qui n'est qu'en toi.

### N° 81. (Ps. & Cant. 41.)

1. Mon Dieu, mon père, Écoute-moi, Car ma prière S'élève à toi. En Jésus-Christ, Tu nous

l'as dit, Je puis, Seigneur, t'ouvrir mon cœur Ah! dans ta grâce, Dieu tout-puissant, Tourne ta face Vers ton enfant.

2. Je voudrais faire, en ce bas lieu, Tout pour te plaire, O mon bon Dieu! Mais le péché Reste caché Dans mon esprit Et me séduit. Loin de ta voie Mon âme a fui, Pour être en proie A l'ennemi.

3. Viens, je te prie, Change mon cœur; Guide ma vie Loin de l'erreur. Mon seul désir Est de choisir La bonne part, Sous ton regard. Que mon offense Ne lasse plus Ta patience, Seigneur Jésus!

4. Fais-moi comprendre Ta charité, Et bien entendre Ta vérité. Oui, que ta main, Sur mon chemin, Soit ô Dieu fort! Mon doux support. Que ta puissance Soit chaque jour Ma délivrance, O Dieu d'amour!

5. Rends-moi fidèle Par ton secours, Et sous ton aile, Tiens-moi toujours. Loin du danger, O mon berger! Conduis mes pas Jusqu'au trépas. Vois ma faiblesse, et me soutiens Par ta tendresse; Je t'appartiens.

## N° 82. (Ps. & Cant. 43.)

1. Oh! que ton joug est facile, Oh! combien j'aime ta loi! Dieu saint, Dieu de l'Évangile! Elle est toujours devant moi. De mes pas, c'est la

.lumière, C'est le repos de mon cœur. *Mais pour la voir tout entière, Ouvre mes yeux, bon Sauveur! (bis)*

2. Non, ta loi n'est point pénible Pour quiconque est né de toi ; Toute victoire est possible A qui combat avec foi. Seigneur, dans ta forteresse Aucun mal ne m'atteindra ; *Si je tremble en ma faiblesse, Ta droite me soutiendra (bis).*

3. D'un triste et rude esclavage Affranchi par Jésus-Christ, J'ai part à ton héritage, Aux secours de ton Esprit. Au lieu d'un maître sévère, Prêt à juger et punir, *Je sers le plus tendre père, Toujours prêt à me bénir. (bis).*

4. Pour les sages de ce monde Tous tes trésors sont voilés ; Mais dans ta bonté profonde Tu me les a révélés. Tu donnes l'intelligence Aux moindres de tes enfants. *Ah! de ce bienfait immense Rends-nous donc reconnaissants! (bis)*

5. Dieu qui guides, qui consoles, J'ai connu que le bonheur C'est de garder tes paroles, Et je les serre en mon cœur. Fais-moi marcher dans ta voie Et me plaire en tes statuts ; *Si je cherche en toi ma joie, Je ne serai pas confus. (bis)*

---

N° 83. (Ps. & Cant. 47.)

1. Je suis à toi ; gloire à ton nom suprême! O mon Sauveur ! je fléchis sous ta loi. Je suis à toi, je t'adore, je t'aime ; Je suis à toi, je suis à toi.

2. J'errais, perdu dans les sentiers du doute, Le vide au cœur et la mort devant moi, Lorsque tu vins resplendir sur ma route ; Je suis à toi, je suis à toi.

3 Jadis j'étais sous l'empire du monde, Mais aujourd'hui Jésus-Christ est mon roi. Ton joug est doux et ta paix est profonde ; Je suis à toi, je suis à toi.

4. Les bras ouverts, les yeux pleins de tendresse, Ce bon Sauveur m'accueille et me reçoit: Auprès de lui j'accours et je m'empresse ; Je suis à toi, je suis à toi.

5. En te trouvant j'ai trouvé toutes choses, Et ce bonheur m'est venu par la foi. C'est sur ton sein qu'en paix je me repose ; Je suis à toi, je suis à toi.

6. Nul ne saurait m'effacer de ton livre, Nul ne saurait me soustraire à ta loi, C'est ton regard qui fait mourir et vivre ; Je suis à toi, je suis à toi.

7. Sur cette terre où tu veux que j'habite, O mon Sauveur, mon Dieu ! je suis à toi. Et dans le ciel, où ta grâce m'invite, Encore à toi, toujours à toi.

## N° 84. (Ps. & Cant. 48.)

1. Du Rocher de Jacob toute l'œuvre est parfaite ; Ce que sa bouche a dit, sa main l'accom-

plira. Alléluia ! Alléluia ! Car il est notre Dieu, notre haute retraite.

2. C'est pour l'éternité que le Seigneur nous aime : Sa grâce en notre cœur jamais ne cessera. Alléluia ! Alléluia ! Car il est notre espoir, notre bonheur suprême.

3. De tous nos ennemis il sait quel est le nombre ; Son bras combat pour nous et nous délivrera. Alléluia ! Alléluia ! Les méchants, devant lui, s'enfuiront comme une ombre.

4. Notre sépulcre aussi connaîtra sa victoire : Sa voix au dernier jour nous ressuscitera. Alléluia ! Alléluia ! Pour nous, ses rachetés, la mort se change en gloire.

5. Louons donc l'Éternel, notre Dieu, notre Père ; Le Seigneur est pour nous : contre nous qui sera ? Alléluia ! Alllléluia ! Triomphons en Jésus et vivons pour lui plaire.

---

## N° 85. (Ps. et Cant. 49.)

1. Jamais Dieu ne délaisse Qui se confie en lui ; Si le monde m'oppresse, Jésus est mon appui. Ce Dieu bon et fidèle Garde en sa paix les siens Pour la vie éternelle Et les comble de biens.

2. Je veux, sachant qu'il m'aime, Me remettre à ses soins ; Beaucoup mieux que moi-même Il connaît mes besoins. Ce Dieu plein de tendresse

Confondrait-il ma foi ? Non, plus le mal me presse, Plus il est près de moi.

3. Monde, ce qui t'enchante, Biens, honneurs, volupté, N'est plus ce qui mente : Tout n'est que vanité. Mon trésor, mon partage, Mon tout c'est Jésus-Christ, Qui me donne pour gage Le sceau de son Esprit.

4. Seigneur, par l'efficace Du sang versé pour moi, Accorde-moi la grâce De vivre tout pour toi. C'est la vie éternelle, Déjà dès ici-bas, Jusqu'au jour qui m'appelle A passer dans tes bras.

### Nº 86. (Ps. & Cant. 50.)

1. Seigneur, dans ma souffrance, A toi seul j'ai recours. J'attends de ta puissance Un sûr et prompt secours. C'est dans les bras d'un père Que je me suis jeté, En sa grâce j'espère, *Car il m'a racheté. (bis)*

2. Ame faible et craintive, Pourquoi donc te troubler ? Quand tu n'es plus captive, Comment peux-tu trembler ? Laisse aux enfants du monde Les soucis et les pleurs ; Dieu sur qui je me fonde *A porté mes langueurs ! (bis)*

3. En montant vers son Père, Le Fils n'a pas promis Les biens de cette terre A ses plus chers amis. Pour ceux que Jésus aime, C'est trop peu que de l'or ; Il se donne lui-même *Et devient leur trésor. (bis)*

4. Qu'il est doux de se dire : L'Éternel pense à moi ; Il sait quand je soupire, Quand je suis dans l'effroi. Il recueille mes larmes, Il veut les essuyer ; Et je n'ai point d'alarmes *Qu'il ne puisse calmer. (bis)*

## N° 87. (Ps. & Cant. 52.)

1. C'est un rempart que notre Dieu ; Si l'on nous fait injure, Son bras puissant nous tiendra lieu Et de fort et d'armure. L'ennemi contre nous Redouble de courroux : Vaine colère ! Que pourrait l'Adversaire ? L'Éternel détourne ses coups.

2. Seuls, nous bronchons à chaque pas, Notre force est faiblesse ; Mais un héros dans les combats Pour nous lutte sans cesse. Quel est ce défenseur ? C'est toi, divin Sauveur, Dieu des armées ! Tes tribus opprimées Connaissent leur libérateur.

3. Que les démons forgent des fers Pour accabler l'Église ; Ta Sion brave les enfers, Sur le rocher assise Constant dans son effort, En vain avec la mort Satan conspire ; Pour ruiner son empire, Il suffit d'un mot du Dieu fort.

4. Dis-le, ce mot victorieux, Dans toutes nos détresses ; Répands sur nous du haut des cieux Tes divines largesses. Qu'on nous ôte nos biens, Qu'on serre nos liens, Que nous importe ! Ta grâce est la plus forte, Et ton royaume est pour les tiens !

## N° 88. (Ps. & Cant. 53.)

1. O Dieu de vérité, pour qui seul je soupire ! Unis mon cœur à toi par de forts et doux nœuds. Je me lasse d'ouïr, je me lasse de lire, *Mais non pas de te dire : C'est toi seul que je veux.* (bis)

2. Parle seul à mon cœur, et qu'aucune prudence, Qu'aucun autre docteur ne m'explique tes lois ; Que toute créature, en ta sainte présence, *S'impose le silence Et laisse agir ta voix !* (bis)

---

## N° 89. (Ps. & Cant. 54.)

1. Oui, pour son peuple Jésus prie : Prêtons l'oreille à ses soupirs ; Qu'à sa voix notre âme attendrie Réponde par de saints désirs. Dans les hauts lieux, brillant de gloire, Il est entré victorieux ; Et sur l'autel expiatoire Il offre son sang précieux.

2. Oui, pour mon âme Jésus prie Et sa requête jusqu'à moi Descend, comme un fleuve de vie Où s'abreuve ma sainte foi. Du racheté doux privilége ! Je trouve au ciel un sûr garant, Qui, plein d'amour, toujours assiége Le tribunal du Dieu vivant.

3. Oui, pour nos âmes Jésus prie ; Dans cet instant, ô charité ! Il plaide, il intercède, il crie Pour nous qui l'avons contristé. A son enfant,

auprès du Père. Son cœur obtient un doux pardon ; Et pour l'aider dans sa misère, Sa voix réclame un nouveau don.

6. Oui, pour les tiens, Jésus, tu pries ; Qu'il nous est doux de le savoir ! Ainsi, Seigneur, tu nous convies A mettre en toi tout notre espoir. Sous le parfum de ta prière Fais-nous marcher remplis d'ardeur. Pour te bénir, notre âme entière S'élève à toi, puissant Sauveur !

### N° 90. (Ps. & Cant. 56.)

1. Je veux t'aimer, toi, Mon Dieu, toi, mon Père, Mon Rédempteur, mon Roi. Je veux t'aimer, car la vie est amère *Pour ton enfant sans toi. (bis)*

2. Je veux t'aimer, ô Dieu plein de tendresse, Qui m'aimas le premier ! Je veux t'aimer, soutien de ma faiblesse, *Mon fort, mon bouclier (bis).*

3. Je veux t'aimer, source de toute grâce, Auteur de mon salut. Je veux t'aimer : tourne vers moi ta face, *Conduis-moi vers le but. (bis)*

4. Je veux t'aimer. Jamais celui qui t'aime Seul ne se trouvera. Je veux t'aimer : c'est de ton amour même *Que mon âme vivra. (bis)*

5. Je veux t'aimer : que ta vive lumière Resplendisse à mes yeux ! Je veux t'aimer : que ton œil tutélaire *Veille sur moi des cieux (bis).*

6. Je veux t'aimer, refuge de mon âme, Pendant les jours mauvais, Je veux t'aimer : c'est toi que je réclame, *Source de toute paix !*

7. Je veux t'aimer : c'est le vœu de ma vie, Le besoin de mon cœur. Mais, pour t'aimer, que jamais je n'oublie *Le sang du Rédempteur !* (bis)

## N° 91. (Ps. & Cant. 57.)

1. T'aimer, Jésus ! te connaître, Se reposer sur ton sein, T'avoir pour son roi, son maître, Pour son breuvage et son pain ; Savourer en paix ta grâce ; De ta mort, puissant Sauveur, Goûter la sainte efficace : Quelle ineffable douceur !

2. O bonheur inexprimable ! J'ai l'Éternel pour berger ! Toujours tendre et secourable, Son cœur ne saurait changer. Dans sa charité suprême, Il descendit ici-bas Chercher sa brebis qu'il aime, Et la prendre dans ses bras.

3. Il donna pour moi sa vie, Il me connaît par mon nom, A sa table il me convie, J'ai ma place en sa maison Il veut bien de ma faiblesse, De tous mes maux s'enquérir. Qu'il est bon ! il veut sans cesse Me pardonner, me guérir.

4. Si le souverain monarque, Dans la foule des humains Nous discerne, et qu'il nous marque Sur les paumes de ses mains ; Qu'importe alors que le monde Nous méconnaisse à jamais ! Toi

dont le regard nous sonde, Toi, Jésus, tu nous connais!,

5. Rien, ô Jésus! que ta grâce, Rien que ton sang précieux, Qui seul mes péchés efface, Ne me rend saint, juste, heureux. Ne me dites autre chose, Sinon qu'il est mon Sauveur, L'auteur, la source et la cause De mon éternel bonheur.

---

## N° 92. (Ps. & Cant. 60.)

1. Oh! qu'il est doux d'aimer Dieu comme père, D'aller à lui sans détour, sans frayeur ; De parcourir sa terrestre carrière Toujours conduit par l'esprit du Seigneur.

2. Oh! qu'il est doux de trouver à toute heure Un tendre ami prêt à vous soulager ; D'être en tout lieu, Jésus, en ta demeure ; Et sur ton sein au plus fort du danger.

3. Oh! qu'il est doux de penser à tes grâces Dans ma faiblesse et ma triste langueur, Esprit divin, qui jamais ne te lasses De relever d'affermir notre cœur.

4. Qu'il sera doux, un jour devant ton trône, D'entonner tous le cantique nouveau ; Portant chacun l'immortelle couronne Et rendant gloire éternelle à l'Agneau ?

## N° 93. (Ps. et Cant. 61.)

1. Mon bonheur vient de toi, Sauveur plein de tendresse ; C'est par toi que j'obtiens la joie et l'allégresse. De tes gratuités tu couronnes mes jours, Et tu veux à jamais en bénir l'heureux cours.

2. Ah ! je les ai connus les ennuis de la terre, Quand je marchais encor seul avec ma misère ; Quand, loin de ton salut, loin de ton doux regard, Mes pas dans le désert s'avançaient au hasard.

3. Autrefois aux plaisirs, à l'orgueil de la vie Mon âme, à ses péchés tristement asservie, Chaque jour demandait un coupable bonheur ; Mais l'ennui seul, hélas ! répondait à mon cœur.

4. Alors tu vins, Seigneur, tu vins rompre ma chaîne ; Devant ton grand amour se dissipa ma peine. Fléchis toujours mon cœur ; qu'il prenne son essor Vers le ciel où ta main a placé son trésor !

5. Aplanis mon sentier ; que ta paix, comme un fleuve, Coule en moi constamment même au sein de l'épreuve. Que toujours ton Esprit fasse abonder en moi Et la sève, et la vie, et les fruits de la foi !

---

## N° 94. (Ps. et Cant. 62.)

1. Oui, cher Sauveur, mon âme sous ta loi De ton amour savoure en paix les charmes ; Mes

heureux jours s'écoulent sans alarmes, Et l'avenir est l'espoir de ma foi.

2. Si sur mes pas je trouve la douleur, C'est en ton sein que je verse mes peines; Et, d'un regard, aussitôt tu ramènes Et la lumière et le calme en mon cœur.

3. Ma faim, ma soif, mon sincère désir, C'est de t'aimer, c'est de t'être fidèle. Ah! quand ta voix à te suivre m'appelle, Hélas! pourquoi tardé-je à t'obéir?

4. Oh! quand viendra cette heure que j'attends, Où de Sion je franchirai les portes, Où des élus les heureuses cohortes Me recevront en leurs glorieux rangs?

5. Oui, peu de temps tu me retiens encor, O mon Sauveur! dans l'exil de la terre; Mon corps mortel redeviendra poussière, Et vers les cieux je prendrai mon essor.

---

## No 95. (Ps. & Cant. 64.)

1. L'Éternel est ma paix, mon salut, mon partage; Il a fixé mon lot dans un bel héritage; Ma langue égaie-toi! réjouis-toi, mon cœur! Entonne un chant d'amour, Jésus est ton Sauveur.

2. Rebelle, je vivais au milieu des rebelles; Mais Jésus-Christ m'a vu des voûtes éternelles;

Il a quitté les cieux pour sauver un pécheur.
Mon âme, égaie-toi ! Jésus est ton Sauveur.

3. Ma dette envers mon Dieu m'entrainait dans l'abîme ; L'inexorable loi saisissait sa victime ; Un sang d'un prix immense apaise sa fureur. Mon âme égaie-toi ! Jésus est ton Sauveur.

4. Je tombe chaque jour, en ma grande misère; Mais Christ plaide pour moi, debout devant le Père. Il lui montre sa croix pour couvrir mon erreur. Mon âme, égaie-toi ! Jésus est ton Sauveur.

5. Satan de ses fureurs me fait sentir l'atteinte; Jésus étend son bras, m'enlève à son étreinte, Et, me mettant en paix, le frappe de terreur. Mon âme, égaie-toi ! Jésus est ton Sauveur.

6. Qu'il est bon de t'avoir, Jésus pour sacrifice, Pour bouclier, pour roi, pour soleil, pour justice! Qu'elle est douce la paix dont tu remplis le cœur! Mon âme, égaie-toi ! Jésus est ton Sauveur.

---

### (No 96. (Ps. & Cant. 66.)

1. Que ne puis-je, ô mon Dieu ! Dieu de ma délivrance, Remplir de ta louange et la terre et les cieux, Les prendre pour témoins de ma reconnaissance Et dire au monde entier combien je suis heureux !

2. Heureux quand je t'écoute et que cette

Parole Qui dit : « Lumière soit ! » et la lumière fut, S'abaisse jusqu'à moi, m'instruit et me console, Et me dit : « C'est ici le chemin du salut. »

3. Heureux quand je te parle et que, de ma poussière, Je fais monter vers toi mon hommage et mon vœu, Avec la liberté d'un fils devant son père Et le saint tremblement d'un pécheur devant Dieu.

4. Heureux lorsque ton jour, ce jour qui vint éclore Ton œuvre du néant et ton Fils du tombeau, Vient m'ouvrir les parvis où ton peuple t'adore Et de mon zèle éteint rallumer le flambeau.

5. Heureux quand, sous les coups de ta verge fidèle, Avec amour battu, je souffre avec amour; Pleurant, mais sans douter de ta main paternelle; Pleurant, mais sous la croix ; pleurant, mais pour un jour.

6. Heureux lorsqu'attaqué par l'ange de la chute, Prenant la croix pour arme et l'Agneau pour Sauveur, Je triomphe à genoux et sors de cette lutte Vainqueur, mais tout meurtri ; tout meurtri, mais vainqueur.

7. Heureux, toujours heureux ! j'ai le Dieu fort pour père. Pour frère Jésus-Christ, pour guide l'Esprit saint : Que peut ôter l'enfer, que peut donner la terre A qui jouit du Ciel et du Dieu trois fois saint ?

## No 97. (Ps. & Cant. 68.)

1. La terre roule, entraînant avec elle Les jours, les mois et les ans des mortels, Et chaque instant du Seigneur qui t'appelle Voit accomplir les décrets éternels. Chaque soleil du jour de ta venue Hâte l'aurore, ô Jésus, mon Sauveur ! Bientôt tu vas paraître sur la nue, Mais viens avant, vient régner sur mon cœur.

2. Bientôt le sol que foule un pied superbe Va s'entr'ouvrir pour recevoir mes os, Et bientôt l'œil devra chercher sous l'herbe Ma place étroite et mon lieu de repos. Mais il faudra, renaissant à la vie, Dieu ! soutenir ton regard scrutateur ; Ce temps approche et ma voix t'en supplie : O mon Garant ! viens régner sur mon cœur.

3. Tu m'as sauvé, je le sais et j'implore, Divin Jésus, ton amour sans égal ; Tu m'as sauvé, mais mon cœur garde encore De ton amour plus d'un honteux rival. Hâte-toi donc, viens régner sur la terre ; Viens-y répandre à grands flots le bonheur. Les temps sont mûrs, Dieu ! qui t'es fait mon frère ; Viens établir ton règne dans mon cœur.

4. Du nord au sud, du couchant à l'aurore, Ton ange vole à la face du ciel ; Aux nations, du grand Dieu que j'adore Il va porter l'Évangile éternel. Qu'il vole encore, et partout sur sa trace Sème la paix et l'amour du Sauveur ; Que l'on

s'égaie aux rayons de ta grâce, Et que la joie habite dans mon cœur !

---

## N° 98. (Ps. & Cant. 69.)

1. De Canaan quand verrons-nous Le céleste rivage ? Vers le Jourdain, entendez-vous ? Christ nous appelle tous. Près de lui, doux partage ; A l'abri de l'orage, Nous pourrons chanter à jamais Le cantique de paix :

Oh ! quel parfait bonheur ! quel bonheur ! quel bonheur ! Après tant de labeur ! Oh ! quel parfait bonheur, Pour toujours réunie, L'Église en sa patrie, Entonnera : Alléluia ! Gloire à toi, Jéhovah !

2. Combien alors il sera beau D'écouter l'harmonie Du chœur sacré louant l'Agneau dans un transport nouveau ! Quand, notre voix unie A cette symphonie, Nous offrirons tous à la fois Notre hymne au Roi des Rois !

Oh ! quel parfait bonheur, etc.

3. Vêtus de blanc, les rachetés De Christ verront la gloire. Par sa vertu ressuscités, Ils diront ses bontés. Célébrant sa victoire, Son œuvre expiatoire, Autour de son trône avec eux, Nous lui rendrons nos vœux.

Oh ! quel parfait bonheur ! etc.

4. Si, dans les cieux, pour un pécheur Qui vient à repentance, Les Anges saints, d'un même

cœur, Bénissent le Sauveur, Quelle réjouissance Lors de la délivrance De tout son bien-aimé troupeau, Triomphant du tombeau!

Oh! quel parfait bonheur! etc.

5. De ce grand jour d'éternité Quand brillera l'aurore, Tous consommés dans l'unité Et dans la charité, A celui qu'on adore Nous redirons encore : Digne est l'Agneau de recevoir Force, empire et pouvoir!

Oh! quel parfait bonheur! etc.

---

### N° 99. (Ps. & Cant. 70.)

1. Non, ce n'est pas mourir que d'aller vers son Dieu, Que de quitter le lieu de cette sombre terre, Pour entrer au séjour de la pure lumière.

2. Non, ce n'est pas mourir que d'habiter le Ciel, Le repos éternel De la gloire inneffable, En sortant du combat d'un monde périssable.

3. Non, ce n'est pas mourir, sujet du Roi des rois, Que d'entendre la voix De sa puissante grâce, T'appeler dans l'éclat du regard de sa face.

4. Non, ce n'est pas mourir, ô brebis du Sauveur! Que suivre ton Pasteur Jusqu'en sa bergerie, Où tu paîtras toujours sous l'arbre de la vie!

5. Non ce n'est pas mourir que d'adorer Jésus, Au milieu des élus, Célébrant sa victoire, Et d'être couronné d'allégresse et de gloire.

6. Non, ce n'est pas mourir, Rédempteur bien-aimé, Que de voir consommé Dans de longues délices, L'amour dont ici-bas notre âme eut les prémices.

## N° 100. (Ps. & Cant. 75.)

1. Tu nous aimes, Seigneur, comme Dieu, comme père ; Ton amour tout-puissant couvre notre misère Et soutient notre faible cœur. Tu l'as offert, Seigneur, le sang qui purifie ; Oui, par amour pour nous tu quittas cette vie, Que par amour tu pris Seigneur.

2. Et près de la quitter, à cette heure suprême Tu nous dis : « Aimez-vous comme moi je vous aime, Et qui peut aimer plus que moi ? Aimez-vous ! c'est la loi qu'en partant je vous laisse. » Aimez-vous ! qu'à ceci le monde reconnaisse, Si vraiment nous sommes à toi.

3. Et serions-nous à toi, si ta main paternelle N'eût mis en nous les traits de cet amour fidèle. Doux, secourable, patient ? Rapporter tout à soi, chercher sa propre gloire, D'une injure, d'un tort conserver la mémoire, Est-ce bien être ton enfant ?

4. Bannis de nos discours les flatteuses paroles, Et la feinte amitié de ces hommes frivoles Qui ne peuvent aimer qu'un jour. C'est pour le ciel qu'ici des frères se préparent ; Apprends-

nous à montrer aux âmes qui s'égarent, Par notre zèle, notre amour !

5. O Seigneur ! qu'il est doux, qu'il est bon pour des frères De t'offrir en commun leurs vœux et leurs prières, Et de travailler réunis ; De s'aider au combat, de partager leurs joies, Et de marcher ensemble en ces pénibles voies Où tu diriges et bénis !

6. Seigneur ! que ton Esprit nous exauce et nous lie ; Que, membres de ton corps et vivant de ta vie, Nous soyons tous fondés en toi ! Oh ! chasse loin de nous la discorde et l'outrage ! Que nous soyons à Christ comme étant son ouvrage, Nous aimant dans la même foi !

### No 101. (Ps. & Cant. 76.)

1. C'est dans la paix que tu dois vivre, Enfant Enfant de Dieu, disciple du Sauveur ; Par son Esprit, ton âme doit le suivre, Sur le sentier de la douceur. Si contre toi s'élève quelque offense, Si l'on te hait, si l'on veut t'opprimer, Ferme ton cœur à la vengeance : Comme ton Dieu tu dois aimer.

2. Bien loin de toi que toute haine, Que tout dépit soit toujours repoussé ; Souffre en repos et l'insulte et la peine, Et sans orgueil sois abaissé. Oui, pour Jésus, pour ce roi débonnaire, Reçois le coup le plus humiliant ; Bois

jusqu'au fond la coupe amère, Comme ton Dieu sois patient.

3. Ne sais-tu pas quelle est sa grâce, Que de péchés son amour t'a remis ? Qu'ainsi jamais ton support ne se lasse Envers tes plus grands ennemis. S'ils sont cruels, si leurs haines s'attisent, De ta bonté rouvre-leur le trésor : S'ils sont hautains, s'ils te méprisent, Comme ton Dieu, pardonne encor.

4. Ce n'est pas toi que hait le monde, C'est ton Sauveur qu'ils ne connaissent pas. Ah ! plains-les donc ; leur misère est profonde ; Contre Dieu se lève leur bras. Tends leur la main au bord du précipice. S'ils sont tombés, cours et sois leur soutien, Et pour punir leur injustice, Comme ton Dieu, fais-leur du bien.

## N° 102. (Ps. et Cant. 77.)

1. Ne te désole point, Sion, sèche tes larmes, L'Éternel est ton Dieu, ne sois plus en alarmes ; Il te reste un repos dans la terre de paix, Le Seigneur te ramène et te garde à jamais !

2. Il te rétablira ; même dans tes ruines La vigne et l'olivier étendront leurs racines ; Tout sera relevé, comme en tes plus beaux jours : Les murs de tes cités, tes remparts et tes tours.

3. Un jour, un jour viendra que tes gardes

fidèles Sur les monts d'Ephraïm s'écrieront :
« O rebelles ; Retournez en Sion ! l'Éternel, votre
Dieu, Vous rappelle ; venez, et montons au saint
lieu. »

4. Relève ton courage, ô Sion désolée ! Par
le Dieu tout puissant tu seras consolée : Il vient
pour rassembler tes enfants bienheureux ; Bientôt tu les verras réunis sous tes yeux.

5. Tes nombreuses tribus, errantes, fugitives,
Parmi les nations sont encore captives ; Mais
bientôt le Seigneur, par des sentiers nouveaux,
Les fera parvenir aux torrents de tes eaux.

6. Les peuples connaîtront que l'Éternel lui-même A délivré Jacob par son pouvoir suprême.
Oui, Sion, ton Dieu règne, et tous tes ennemis
Dans peu de jours seront confondus et soumis.

## N° 103. (Ps. & Cant 79.)

1. Levons-nous, frères, levons-nous, Car
voici notre Maître. Il est minuit, voici l'Époux :
*Jésus-Christ va paraître. (bis)*

2. Avec les siens il vient régner Et délivrer
l'Église ; Bientôt il va la couronner *De la gloire
promise (bis)*.

3. Ne crains donc point, petit troupeau, Toi
que chérit le Père ; Que toujours la croix de
l'Agneau *Soit ta seule bannière. (bis)*

4. Et si le monde est contre toi, Ses mépris sont ta gloire : L'amour, l'espérance et la foi *Te donnent la victoire (bis)*.

5. Gloire à Jésus-Christ, mon Sauveur ! Car en lui seul j'espère. Heureux celui qui dans son cœur *L'adore et le révère. (bis)*

---

## N° 104. (Ps. et Cant. 82)

1. Soleil de justice, Jésus, bon Sauveur, Ton regard propice Fait notre bonheur. Que ta connaissance Couvre l'univers, Comme l'onde immense Le bassin des mers.

2. On cherche, on ignore, Ton immense amour ; Mais déjà l'aurore Annonce le jour. Que son éclat vienne Ouvrir tous les yeux ! Que la nuit payenne s'efface en tous lieux !

3. O grâce ineffable ? déjà plus d'un cœur Longtemps indomptable, Bénit son vainqueur. Ce simple message : « Pécheur, pleure et crois, » Met jusqu'au sauvage Au pied de ta croix.

4. Bientôt à son Père Christ présentera Son Église entière Qu'alors on verra Bénir, rayonnante D'un éclat nouveau, La vertu puissante, Du sang de l'Agneau.

5. Donnons gloire au Père Qui s'est révélé ; Au Fils, notre Frère Qui s'est immolé ; A l'Esprit

de grâce Qui sur le troupeau Répand l'efficace Du sang de l'Agneau.

### N° 105. (Ps. et Cant. 86.)

1. Jour du Seigneur, J'ouvre mon cœur A ta douce lumière ; Jour solennel, A l'Éternel Consacre ma prière.

2. Dieu tout puissant, Dieu bienfaisant, J'ai besoin de ta grâce. Eclaire-moi, Soutiens ma foi ; Je viens chercher ta face.

3. Ta vérité, Ta charité Brillent dans ta parole. Seule elle instruit, Guide et conduit Notre âme et la console.

4. J'entends ta voix ; Tes saintes lois Ne sont pas difficiles Viens les graver, Les conserver Dans des âmes dociles.

5. Que ton Esprit, O Jésus-Christ, Habite dans notre âme ! Que ton amour Et nuit et jour L'embrasse de sa flamme !

### N° 106. (Ps. & Cant. 97.)

1. Peuple chrétien, ton Sauveur charitable Vient aujourd'hui t'inviter à sa table ; Ce bon pasteur, par un excès d'amour, Se donne à toi lui-même, dans ce jour. Après avoir, par son grand sacrifice, Du Tout-Puissant satisfait la

justice, Il vient t'offrir et sa coupe et son pain, Pour apaiser et ta soif et ta faim.

2. Le pain du ciel, que les Hébreux mangèrent. Dont ces ingrats enfin se dégoûtèrent, Ne les pouvait garantir de la mort, Du genre humain l'inévitable sort. Notre Jésus aujourd'hui nous présente Un pain céleste, une manne excellente. Qui le reçoit avec humilité, Peut s'assurer de l'immortalité.

3. Ce doux Sauveur est le vrai pain de vie Qui nous nourrit et qui nous fortifie ; Sa chair sacrée est le seul aliment Qui donne à l'âme un vrai contentement. Son divin sang, qu'il offre pour breuvage, Nous a des cieux mérité l'héritage ; Il nous transforme en des hommes nouveaux ; Il adoucit nos peines et nos maux.

4. Quiconque en boit n'a plus l'âme altérée, Ni d'honneurs vains et de courte durée, Ni de trompeurs et criminels plaisirs ; Il sait en Dieu borner tous ses désirs ; Il meurt au monde, il renonce à soi-même, Il ne vit plus que pour Jésus qu'il aime ; Il est toujours prêt à sacrifier Ses biens, ses jours, pour le glorifier.

5. Mais qui pourrait ainsi manger et boire Le corps sacré, le sang du Roi de gloire ? C'est le chrétien qui, plein de charité, Croit en Jésus, mort et ressuscité ; Qui, s'appliquant son parfait sacrifice, Cherche en lui seul sa vie et sa justice. Heureux celui qui reçoit dans son cœur, Ce glorieux et divin Rédempteur.

6. Heureux celui qui t'est toujours fidèle, Seigneur Jésus, et qui, brûlant de zèle, Te suit partout, t'embrassant par la foi ! A qui peut-on, Seigneur, aller qu'à toi ? Tu nous promets une vie éternelle ; Tu nous promets une gloire immortelle ; Toi seul nous peux faire entrer dans les cieux. C'est vers toi seul que nous tournons les yeux.

### N° 107. (Ps. et Cant. 91.)

Daigne au sortir de ce saint lieu Bénir ton peuple, ô notre Dieu ; Qu'il garde ta mémoire ! Sois sa force, sois son appui, Et laisse arriver jusqu'à lui Un rayon de ta gloire. Amen — Amen ; Purifie — Sanctifie, Régénère Nos âmes par ta lumière.

### N° 108. (Ps. et Cant. 92.)

Que la grâce de notre Seigneur Jésus-Christ, et l'amour de Dieu, le Père, et la communication du Saint-Esprit, soient avec nous tous, avec nous tous, Amen !

# TABLE ALPHABÉTIQUE

|  | Numéro |
|---|---|
| A celui qui nous a sauvés | 73 |
| Agneau de Dieu | 74 |
| Ah! laissez-moi terrestres joies | 80 |
| Ah! que je ne sois pas | 26 |
| Ami pourquoi tant de bonheur | 19 |
| A qui donc confier mon sort | 35 |
| A toi mon Dieu mon cœur monte | 47 |
| Au fort de ma détresse | 61 |
| Avançons-nous joyeux | 30 |
| Béni soit le jour | 17 |
| Bon Sauveur, berger fidèle | 25 |
| Cantique de Siméon | 64 |
| C'est dans la paix | 101 |
| C'est encor temps | 1 |
| C'est mon joyeux service | 2 |
| C'est toi Jésus que recherche mon âme | 23 |
| C'est un rempart que notre Dieu | 87 |
| Comme un cerf altéré brâme | 50 |
| Daigne au sortir de ce saint lieu | 107 |
| Dans l'abîme de misères | 79 |
| Dans la patrie éternelle | 22 |
| De Canaan quand verrons-nous | 98 |
| Déployons nos ailes | 36 |
| De tout mon cœur dans tous les lieux | 51 |

|  | Numéro |
|---|---|
| Dieu fut toujours ma lumière et ma vie | 48 |
| Dieu tout puissant à mes vœux | 56 |
| Du rocher de Jacob | 84 |
| Entonnons dans ce jour | 77 |
| Éternel ô mon Dieu | 78 |
| Grand Dieu c'est toi que je réclame | 63 |
| Grand Dieu nous te bénissons | 65 |
| Heureux celui de qui Dieu par sa grâce | 49 |
| Heureux celui qui par un juste choix | 60 |
| Hosanna béni soit le souvenir | 72 |
| Il faut grand Dieu que de mon Cœur | 62 |
| Il vient, il vient c'est notre Rédempteur | 71 |
| Ici pleurer et souffrir | 31 |
| J'aime mon Dieu | 59 |
| J'ai trouvé, j'ai trouvé la voie | 13 |
| J'ai un bon Père | 20 |
| Jamais Dieu ne délaisse | 85 |
| Je chanterai Seigneur tes œuvres | 68 |
| Je donne en assurance | 15 |
| Je suis à toi | 83 |
| Je suis scellé pour la gloire | 21 |
| Jésus est notre ami suprême | 29 |
| Jeunes amis | 40 |
| Je veux t'aimer | 90 |
| Je voudrais être un ange | 46 |
| Jour du Seigneur | 105 |
| Laisse-moi désormais | 64 |
| La terre roule | 97 |
| Le signal de la victoire | 6 |

|   | Numéro |
|---|---|
| L'Eternel est ma paix. | 95 |
| L'Éternel seul est Seigneur. | 67 |
| Levons nous frères. | 103 |
| Louons de tout notre cœur. | 41 |
| Miséricorde et grâce | 51 |
| Mon bonheur vient de toi | 93 |
| Mon cœur te réclame. | 37 |
| Mon cœur mon corps mon âme. | 3 |
| Mon Dieu mon père | 81 |
| Ne te désole point Sion. | 102 |
| Non ce n'est pas mourir. | 99 |
| Nous voguons vers un beau rivage | 33 |
| Obscur et pauvre | 76 |
| O Christ j'ai vu ton agonie. | 75 |
| O Dieu c'est dans ta Sion sainte. | 52 |
| O Dieu de vérité | 88 |
| Oh! qu'elle est précieuse. | 44 |
| Oh! que ton joug est facile. | 82 |
| Oh! qu'il est doux d'aimer Dieu comme un père. | 92 |
| Oui cher Sauveur mon âme sous ta loi. | 94 |
| Oui je bénirai Dieu | 69 |
| Oui pour son peuple Jésus prie | 89 |
| Où va cette foule empressée | 10 |
| O vous qui n'avez pas la paix. | 9 |
| Passant si tard, que veux-tu | 5 |
| Peuple chantez un saint cantique. | 54 |
| Peuple chrétien, ton Sauveur charitable. | 106 |
| Plus que vainqueurs | 11 |

|  | Numéro |
|---|---|
| Pour moi chrétien la terre est un exil . | 24 |
| Que Dieu bénisse notre école . . . . | 42 |
| Que ne puis-je ô mon Dieu. . . . . | 96 |
| Que la grâce de Notre Seigneur Jésus-Christ | 108 |
| Rachetés, nous volons au pays . . . | 32 |
| Redites-moi l'histoire . . . . . . . | 16 |
| Reviens, reviens . . . . . . . . | 7 |
| Roi des rois, Eternel mon Dieu . . . | 53 |
| Saints des Saints tout mon cœur. . . | 70 |
| Sans attendre, je veux tendre . . . | 18 |
| Seigneur dans ma souffrance . . . . | 86 |
| Servons tous dès notre enfance. . . . | 38 |
| Soleil de justice. . . . . . . . . | 104 |
| Source féconde . . . . . . . . . | 12 |
| Suivez, suivez l'agneau . . . . . . | 28 |
| Sur toi je me repose . . . . . . . | 4 |
| T'aimer Jésus, te connaître . . . . . | 91 |
| T'aimer ô Sauveur charitable . . . . | 34 |
| Tel que Jésus . . . . . . . . . | 27 |
| Trois fois saint Jéhovah . . . . . . | 66 |
| Tu nous aimes Seigneur. . . . . . | 100 |
| Une belle patrie . . . . . . . . | 45 |
| Une nacelle en silence . . . . . . | 39 |
| Venez au Sauveur qui vous aime. . . | 14 |
| Venez, et du Seigneur sans cesse . . | 57 |
| Voici Jésus notre Sauveur . . . . . | 8 |
| Voix séculaire, écho du Sina . . . . | 43 |
| Vous qui sur la terre habitez . . . . | 55 |